Verena Wyman

Gespräche mit Wildtieren

Telepathische Interviews

91365 Weilersbach, Reifenberg 85

Tel: 0049(0)9194-8900, Fax 0049(0)9194-4262

E-Mail: info@reichel-verlag.de

www.reichel-verlag.de

Umschlaggestaltung: Christian Wolf

Bildquelle: pixelio.de

Foto Gepard: © nero

Foto Elefant: © Claus Bünnagel

Foto Giraffe: © Alan Rainbow

Foto Landschaft: © Ulla Trampert

ISBN 978-3-941435-10-0

Dank an die Tiere

Nach all den wundervollen und spannenden telepathischen Dialogen während so langer Zeit fühlte ich mich getrieben, meinen unzähligen geduldigen und liebevollen tierischen Lehrern und Beratern in irgendeiner Form zu danken für ihre monatelangen lehrreichen Gespräche mit mir und vor allem für ihr selbstloses Dasein im Zoo – eine Existenz, die sie, ungeachtet von beengten und belastenden Lebensumständen in Gefangenschaft, stets so bereitwillig und unerschütterlich der menschlichen Aufklärung widmen. Meine Frage an verschiedene Tiere, auf welche Weise ich meine Dankbarkeit zeigen und ihnen Freude bereiten könnte, fand rundum eine Antwort mit identischem Inhalt. Stellvertretend für alle meine Dialogpartner gab ich dem Bartkauz das Wort:

Seit unzähligen Generationen haben wir Tiere uns in die Nähe des Menschen und in seine Hand begeben, um ihn durch unsere Präsenz und vorgelebte Beispiele unserer facettenreichen Lebensgemeinschaften langsam zur Erkenntnis des wahren Lebenssinnes zu leiten: zur selbstlosen, uneigennützigen Liebe. Sie existiert überall um euch herum und sucht Einlass in eure Herzen. Fühlt und lauscht. Alles ist eins.

Wir gehen vorbehaltlos in der wichtigen Aufgabe auf, euch dieses Wissen näher zu bringen und es euch in unsichtbaren, liebevollen Gaben sachte einzuflößen. Jeder Erfolg auf dem Weg, die Menschen dereinst vollständig und schrankenlos zu erreichen und die Einheit und allumfassende, bedingungslose Liebe der Schöpfung mit euren Herzen auf ewig zu verknüpfen, empfinden wir Tiere als den größten Lohn für mögliche Entbehrungen auf unserem Pfad dorthin. Wesen wie du, die bereits erwacht sind, helfen uns die Aufklärung voranzutreiben, denn mit unseren von dir so sorgsam gesammelten Gesprä-

chen wirst du unzählige Samen pflanzen, die dieses Wissen weiter tragen und vielerorts wachsen und gedeihen lassen. Deshalb erfüllt uns dein Buch mit unendlicher Freude. Einen innigeren Dank kannst du uns nicht geben.

Inhalt

Einleitung

Meine Familie, mein Mann, zwei Kinder, ein in die Jahre gekommenes Katzenpaar und ich leben etwas am Rande der städtischen Hektik im Grünen. Tiere sind meine Welt, die Natur ist mir ein Freund. Seit frühester Jugend begleiten Hunde und Katzen mein Leben und bereichern es auf ihre ganz persönliche und einzigartige Weise. Dafür bin ich sehr dankbar. Auch beruflich habe ich mich der Zoologie verschrieben und freue mich, meine Begeisterung und Liebe zu den Tieren durch meine Tätigkeit nun schon seit vielen Jahren unzähligen Menschen weitergeben zu dürfen.

Aus zwei Gründen schreibe ich dieses Buch. Zum einen liegt mir als eingeschworener Tierfreundin die stumme Kreatur sehr am Herzen und ich bemühe mich stets, jedes Lebewesen mit Respekt zu behandeln und meinen tierischen Hausgenossen nicht mit falsch verstandener Tierliebe ihre Persönlichkeit zu rauben. Doch habe ich mich keineswegs etwa von den Menschen abgewandt. In diesem Sinne wünsche ich mir, mit meinen Aufzeichnungen viele Herzen zu erreichen und die Lebenssituation gewisser Tiere wenigstens in bescheidenem Masse positiv zu beeinflussen, so wie auch unseren Umgang mit der Natur.

Zum anderen bin ich fasziniert vom Phänomen der geheimnisvollen mentalen Abläufe, der telepathischen Verbindung zwischen Menschen und Tieren. Man stelle sich vor, zu einem sprechunfähigen Wesen! Tiere seien doch dumm und sie könnten keine Sprachen. So wurde wohl nicht nur ich mehr als einmal milde und ungläubig belächelt oder von Skeptikern zurechtgewiesen. Aber auf diese Weise läuft die Sache eben nicht ab. Mentaler Austausch geschieht auf einer ganz anderen, viel tieferen Ebene. Gewiss, die Vorstellung von intuitivem Wissen und darüber, in gedanklicher Fernverbindung zu stehen, um auf derart sonderbare Weise Informationen, Bilder und Gefühle zu übertragen, mag ziemlich gewöhnungsbedürftig sein. Dessen ungeachtet ist es alles andere als Humbug und zeigt sich weiter verbreitet als vermutet. Sogar zur Verbrechensaufklärung wird diese Art von mentaler Informationsbeschaffung eingesetzt. Telepathie ist eine natürliche Form der Wahrnehmung und jedem Wesen angeboren, doch in den meisten Fällen durch unsere Lebensweise in der heutigen Zivilisation verkümmert. Sie muss deshalb erst wieder geweckt und trainiert werden. Bei den Naturvölkern ist sie noch präsenter.

Heute existieren bereits genügend Bücher, welche das Thema der Telepathie und der Tierkommunikation im Besonderen samt gründlicher Anleitung erschöpfend abhandeln, weshalb ich mich hier auf ein paar zusammenfassende Bemerkungen beschränke. Sollten Sie sich näher informieren wollen, finden Sie im Anhang diverse Empfehlungen dazu.

Schon seit ich denken kann, verspüre ich eine deutliche, vertrauensvolle Verbindung zur Tierwelt. Dieser nicht fassbare und unerklärliche, aber fühlbare Strom von wortlosem Wissen und Verstehen verband mich bereits als Kleinkind mit allen Tieren, und er begleitet mich bis heute. Er war immer da, der viel zitierte Draht, und für mich ganz natürlich, war Teil von mir und ich dachte nie darüber nach. Damals kam der Begriff telepathische Kommunikation in meinem Wortschatz noch nicht vor. Als dann aber vor Jahren mittels Bücher das faszinierende Thema Intuition, Telepathie und Tierkommunikation an mich herantrat, bekamen mein spontanes Gefühlswissen und stets wiederkehrende, kleine, ungewöhnliche Ereignisse endlich einen Namen: mentale Verbindung, intuitive Eingebungen.

Es waren verblüffende Dinge wie: mitten in einer mich völlig absorbierenden Tätigkeit oder Situation das plötzliche und untrügliche Gefühl zu haben, den Wassernapf meines so gar nicht trinkfreudigen Katers auffüllen zu müssen – und wenn ich dann dieser Idee Folge leistete, ihn tatsächlich erwartungsvoll neben seinem leeren Trinkgefäß anzutreffen. Oder mir plötzlich sorgenvolle Gedanken zu machen, wo der Gute wohl stecken mochte, wenn ich ihn länger als üblich nicht gesehen hatte – und in Minutenschnelle stand der Abtrünnige auf der Schwelle und schaute mir mit einem beschwichtigenden „na, na – ich bin doch hier“ - Blick in die Augen.

Auch Erlebnisse aus meiner Kindheit fielen mir schlagartig wieder ein.

Mögen Sie Spiele? Ich ja, schon immer liebte ich all die vielfältigen Brett- und Kartenspiele, die Gesellschaftsspiele in fröhlicher Runde. Früher genoss ich ganz besonders jene lustigen Ratespiele, bei denen wir Kinder uns mit Eltern und Grosseltern an regnerischen Ferien- oder Sonntagen gern die Zeit vertrieben. Wie erlebte ich doch jeweils mit Spannung, wenn ein Teilnehmer vor die Tür geschickt wurde – am liebsten ich selber – während die anderen Mitspieler sich auf irgendeinen Gegenstand einigten, der von dem draußen Wartenden dann zu erraten war. Sie kennen bestimmt die Fragen, mit denen man sich langsam an die Lösung herantastet: Kann man das Ding tragen? Essen? Ist es groß oder winzig? Hat es eine auffällige Farbe? Ist es nützlich? Und so fort. War die Reihe an mir das Rätsel zu lösen, benötigte ich jeweils kaum Fragen, bis ich auch schon ganz plötzlich genau wusste, was heimlich vereinbart worden war. Manchmal sah ich sogar spontan ein Bild des Gegenstandes vor Augen, an den die Mitspieler gerade dachten. Damals nahm ich es als gegeben hin und grübelte nicht darüber nach, weshalb mir solche Ratespiele derart leicht fielen. Aus heutiger Sicht ist mir bewusst, dass ich die Gedanken und Bildvorstellungen meiner Spielgefährten ganz einfach auf telepathischem Wege aufgefangen hatte.

Beim Entdecken der Bücher zum Thema Telepathie wurde mir denn also manches klar. Begeistert begann ich daraufhin, mich in diese seltsam vertraute, neue Materie zu vertiefen und mich gründlich, besonders für Tierkommunikation, schulen zu lassen. Nach vielen Kursen, Workshops und zahllosen telepathischen Gesprächen mit Haustieren, die ich zur Übung und später dann für Kunden geführt hatte, beschloss ich eines Tages, mich auch einmal mit wilden Tieren im Zoo auszutauschen. Denn ich liebe Ausflüge in die verschiedensten Tiergärten – nicht nur zu zoologischen Studienzwecken, auch schlicht aus Freude, um all die wundervollen und teils erschreckend selten gewordenen Tiergattungen zu bewundern. Schon als Dreikäsehoch weilte ich mit meinen Eltern fürs Leben gern im Zoo und später führte ich natürlich auch meine eigenen Kinder oft dahin, denn sie fühlen sich den Tieren ebenso verbunden wie ich.

An jenem denkwürdigen Tag also machte ich mich wieder einmal auf in einen großen Zoo, diesmal mit der Absicht, erstmals in Dialog zu treten mit wilden, exotischen Tieren. Und das war sie dann: die Geburtsstunde dieses Buches.

1
Wie ich mich mental mit Tieren verbinde

Gewiss fragen Sie sich, wie denn eine telepathische Verbindung überhaupt zustande kommen kann. Auch darüber existieren bereits etliche sehr empfehlenswerte Bücher mit genauen Schritt-für-Schritt-Anleitungen. Sie finden die Liste im Literaturverzeichnis. Ich werde mich deshalb hier nicht mehr vertieft dazu äußern, sondern Ihnen kurz beschreiben, wie ich es selber angehe.

Im Prinzip handelt es sich schlicht darum, den inneren Fokus vom Kopf zum Herzen zu lenken, d.h. unsere ständig auf Hochtouren laufende Gedankenmühle leiser treten zu lassen, sie für kurze Momente abzuschalten und uns auf unsere Sinnesantennen zu konzentrieren, damit das Fühlen und subtile Wahrnehmen unserer Umwelt überhaupt geschehen kann. Dazu müssen wir also erst einmal die äußere, hektische Betriebsamkeit ablegen und ruhig werden. Es fühlt sich wunderbar an, für eine Weile nicht zu überlegen, was alles noch zu erledigen wäre, welche Aufgaben und Termine morgen noch auf uns zukommen werden oder was uns gestern auf die Palme gebracht, verletzt hat.

Ich setze mich dazu einen Moment hin, schließe meine Augen, atme bewusst ein und aus und werde ganz still, äußerlich wie innerlich. Ich höre einige Male auf das Ein und Aus meiner Atemzüge und spüre, wie die Luft beim Einatmen kühl und beim Ausatmen warm durch meine Nasenlöcher strömt. Sodann stelle ich mir bildlich vor, wie aus meinen fest auf dem Boden stehenden Füßen Lichtwurzeln in die Erde hinab wachsen, damit ich in ihr verankert und mit ihr verbunden bin. Und weil unser schöner Planet sämtliche Lebewesen, Tiere und Pflanzen, Wasser und Felsen trägt und mit allem was existiert, eine Einheit bildet, bin ich auf diese Weise mit jedem Geschöpf verbunden, mit dem ich in Kontakt treten möchte. Selbst mit den Wesen in der Luft, den Vögeln und Insekten, denn dieser Lebensraum, der

Wind, die Atmosphäre ist ebenso Teil des Planeten Erde. Eine solche innere Vorstellung lenkt ab vom Denken und das beschriebene kurze Ritual geschieht sehr schnell. Ich lasse es oft auch im Stehen ablaufen. Das bildliche Wurzeln wachsen lassen funktioniert übrigens auch in einem fahrenden Auto oder vom Hochhaus aus, Sie müssen nicht mit den Füßen buchstäblich auf der Erde stehen. Eigentlich ist es nämlich bereits die Absicht, unser Wunsch, unterstützt mit der Bildvorstellung, die unsere Verbindung zur Erde und mit allem Leben initiiert.

Im nächsten Schritt, auch das geschieht in wenigen Sekunden, male ich mir aus, mein Herz hätte Flügeltüren. In der Vorstellung öffne ich sie weit und schicke daraus einen hellen Lichtstrahl, wie einen Laser, zum Herzen jenes Tieres, mit dem ich mich austauschen möchte. Manchmal lasse ich auch einen Regenbogen entstehen, oder es darf sogar eine Rohrverbindung sein – der Phantasie sind da keine Grenzen gesetzt. Es geht nur darum, eine bildliche Brücke von mir zum Gegenüber zu schaffen. Über diese Brücke, den Lichtstrahl, den Regenbogen, schicke ich meine innerliche Frage zum Tier hinüber. Sie müssen Ihre Frage nicht wirklich hinüber wandern lassen. Auch hier genügt wieder die Absicht, das Tier mental anzusprechen und mit ihm zu kommunizieren. Bis hierhin spiele ich die Rolle eines Senders.

Nun muss ich quasi die Seite wechseln und zum Empfänger werden, denn ich möchte ja die Antwort des Tieres vernehmen. Auch jetzt, mehr noch als zuvor, muss ich ganz still bleiben im Kopf, keine eigenen Gedanken aufkommen lassen und auf mein Herz, mein Bauchgefühl, auf meine inneren Wahrnehmungen hören. Denn Intuition, diese innerliche Eingebung, klopft manchmal ganz bescheiden und flüchtig an und kann allzu leicht überhört werden. Ich bleibe also ganz entspannt und nehme eine lockere Erwartungshaltung ein. Diesen Zustand möchte ich beschreiben mit jenem kurzen Moment nach einem unerwarteten Sturz beim Spielen und Springen, den jeder von uns als Kind bestimmt mehr als einmal erlebt hat. Ich erinnere mich, dann jeweils einen Augenblick in mich hineingehört und gefühlt zu haben: Tut es weh? Wo? Was spüre ich? Es ist dies vergleichbar mit dem kurzen andächtigen Moment, bevor man danach entweder lädiert in Weinen ausbrach oder sich unverletzt wieder aufrappeln konnte. So ähnlich wie dieses abwartend in mich hinein fokussieren, als würde ich sekundenlang die äußere Welt und die Gedanken wie den Atem anhalten, so fühlt es sich am ehesten für mich an, wenn ich auf Empfang bin. Auf diese Weise warte ich gespannt und konzentriert auf Informationen.

Die Antworten kommen bei mir entweder als spontanes Wissen und über Gefühle an, als Bild oder häufig in Ideen und Sätzen. Und zwar fühlt sich das so an, als würde ich im Geist mit mir selber reden oder denken. Dabei liegt für den anfangs noch Ungeübten – das war auch bei mir so – die Schwierigkeit darin, dass eigentlich kein Unterschied wahrzunehmen ist zwischen aktivem Denken und jenen Ideen, die von außen, von anderen Wesen übermittelt werden. Und doch gibt es ein klares, auffälliges Unterscheidungsmerkmal zu den bewusst gesteuerten Gedankengängen. Im Gegensatz zu den eigenen Überlegungen sind die empfangenen Ideen stets in Sekundenbruchteilen da und als Antworten abrufbar. Es wäre niemals möglich, sie sich in derart kurzer Zeit selber auszudenken. Ich nehme dann sozusagen ein Stenogramm, ein Diktat auf. Beim Aufschreiben komme ich jeweils kaum nach, das Empfangene zu formulieren, mein Stift fliegt geradezu übers Papier. Es ist, als ob alle Informationen auf einmal zur Verfügung stünden und dann in hohem Tempo schrittweise aufgeschlüsselt würden. Und je mehr wir diese mentale, wortlose Form von Austausch mit den Tieren trainieren, desto sicherer und klarer kommen die Antworten und Gespräche bei uns an.

Das Einstimmen und Vorbereiten sowie die telepathische Verbindung an sich mag hier als sehr langsamer, komplizierter Prozess anmuten, in Wahrheit läuft dieses Hin und Her zwischen den Gesprächspartnern jedoch in Windeseile ab. Manchmal empfange ich eine Antwort oder Botschaft praktisch in derselben Sekunde, in der ich die Frage innerlich gestellt habe. Wichtig bei der ganzen Übung ist, dass wir die Sache nicht krampfhaft angehen, sondern vollkommen entspannt und spielerisch. Bei einer krampfhaften Herangehensweise blockieren wir uns, behindern den Informationsfluss oder verschließen sozusagen den Empfangskanal für die subtilen und leisen mentalen Übertragungen. Und wie bei allen ungewohnten Tätigkeiten braucht es auch hier ein längeres, intensives Training, wenn man diese neue Form von telepathischer Sprache erlernen will. Die grundsätzliche Fähigkeit dazu ist jedoch allen Wesen angeboren.

2
Haustiere und Wildtiere

Für mein Leben gern stöbere ich in den Buchhandlungen nach druckfrischen Büchern, denn ich bin eine große Leseratte. Zu meiner Freude findet sich in den Regalen zum Thema Tierkommunikation bereits eine ganze Anzahl Bücher, die von Gesprächen mit Katzen, Hunden und Pferden erzählen. Auch ich habe mich als Tiertelepathin mit vielerlei tierischen Hausgenossen diverser Kunden ausgetauscht. Ob Stubentiger, Pferde, Hunde aller Rassen, Vögel, Fische und Schildkröten oder Bauernhoftiere wie Kühe, Schweine, Ziegen, Gänse und viele mehr – für alle durfte ich schon Sprachrohr sein. Selbst Zirkustiere übermittelten mir erstaunliche und interessante Informationen.

Ziehen wir nun einmal den direkten Vergleich zum Dialog mit unseren Haustieren, fällt auf, dass die Antworten von wilden Zootieren deutlich philosophischer geprägt sind. Die Gespräche mit unseren vierbeinigen Mitbewohnern und Freunden drehen sich meist um Probleme im direkten Zusammenleben mit den Menschen und darum, uns ihre artspezifischen Bedürfnisse mitzuteilen. Die Tierakrobaten im Zirkus sind auf gewisse Weise ebenso eng mit den Menschen verbunden. Doch sie verstehen sich vielmehr als ebenbürtige Partner ihrer menschlichen Trainer, mit denen sie gemeinsam auf ein Ziel hin arbeiten.

Demgegenüber übermitteln uns die Tiere im Zoo, welche weniger auf den Menschen geprägt sind, vorwiegend globalere Gedanken. Es sind tiefgründige Botschaften, die das Verhältnis Mensch – Tier – Natur beleuchten. Ebenso sprechen diese Dialogpartner behutsam auch unsere eigenen Schwächen an und fungieren als liebevolle Berater und Therapeuten. Und vielfach warten sie gar nicht ab, bis ich ihnen ausdrücklich bestimmte Fragen stelle, sondern sie übermitteln Aussagen, die ihnen im Augenblick wichtig erscheinen, seien sie für die Menschen allgemein oder persönlich an meine Adresse. Doch eines haben alle Tiere gemeinsam: Ganz im Gegensatz zu den landläufigen Gepflogenheiten der menschlichen Spezies werten weder Haus- noch Wildtiere uns jemals für fehlbare Verhaltensweise – und mögen sie noch so sehr Opfer mancher Unwissenheit in unseren Reihen sein. Die Weisheit dieser wilden Brüder und Schwestern, denen ich in vielen verschiedenen großen und kleinen Zoos in Deutschland, Österreich und der Schweiz begegnet bin, nötigt mir enormen Respekt ab und tiefe Dankbarkeit für ihre bereitwillige Hilfe in schwierigen Lebensfragen oder Situationen. Mit einer gewissen Demut habe ich ihre erhellenden Botschaften über die Schöpfung und deren großen Zusammenhänge entgegengenommen und während zahlreicher Monate aufgeschrieben. Vieles war neu für mich und ungewohnt.

Lassen auch Sie sich verblüffen, bewegen und mittragen von den wertvollen Aussagen und bereichernden Erkenntnissen, die mir in den letzten Jahren die verschiedenartigsten Zootiere geschenkt haben. In deren Auftrag und im Sinne einer Mittlerin oder Übersetzerin ihrer Anliegen habe ich die vielen interessanten Gespräche für Sie, liebe Leser, gesammelt. Denn damit erfülle ich den vielfach und wiederholt geäußerten, dringenden Wunsch der Tierwelt, von den Menschen gehört zu werden zum Wohle eines harmonischen Miteinanders von Mensch, Tier und Natur auf unserem schönen Planeten.

Sie haben uns viel Ernsthaftes und Zentrales zu sagen. So sei es denn: Die Zootiere haben das Wort!

3
Zootiere

Zu Gast bei den Löwen

Die Sommerhitze hatte sich bereits langsam ausgebrannt. Milde Herbstsonne tauchte die Natur sanft in einen goldenen Schimmer. Das satte Grün der Blätter begann sich mit jenem zarten Gelbstich zu überziehen, der die Wärme des Spätsommers einfing und eine südliche Umgebung simulierte, ehe die Pflanzen sich mit bunten Farben schmückten. Es war ein wunderschöner Tag für einen Ausflug zum Zoo, wo ich zum ersten Mal mit den wilden Insassen kommunizieren wollte. Fröhliches Vogelzwitschern in den hohen, alten Bäumen gab mir das Geleit, als ich mit Notizheft und Stift bewaffnet gespannt über die Wege wanderte und überlegte, welches Wildtier wohl geneigt wäre, mit mir ins Gespräch zu kommen. Sollten es die gewichtigen Elefanten sein? Oder unsere nächsten Verwandten, die Menschenaffen? Während ich noch zögerte und eben an der weitläufigen Löwenanlage vorbei schlenderte, näherte sich eine Horde Primarschüler und steuerte lärmend auf das Gehege zu. Sie lachten und stimmten ein gewaltiges Gebrüll an, einer suchte den andern zu übertrumpfen. Währenddessen thronte dort der majestätische König der Tiere auf einem Felsen und blinzelte ungerührt in die Sonne. Ich war ziemlich irritiert und ungehalten über den Krach und dachte, wie sehr wohl jener Mähnenlöwe dadurch gestört sein mochte. Dennoch hielt ich meine innere Ruhe aufrecht, eine entspannte Haltung, wie ich sie grundsätzlich bei jedem Streifzug durch den Zoo bewusst einzunehmen versuchte. Unvermittelt und unerwartet empfing ich eine Antwort:

Ärgere dich nicht über diese lauten Kinder, akzeptiere und lass sie, wie sie sind. Sie imitieren mich mit lautem Geschrei, aber sie nehmen mich wahr, auch mit dem Herzen. Sie spüren mei-

ne Löwenkraft, meine Stärke. Ich wecke ihre inneren Kräfte, sie möchten ein bisschen sein wie ich. Das ist gut. Es schafft Verbindung zu mir und den anderen Tieren. Ihre Herzen vergessen nicht. Selbst solch kleine Samen gehen auf und begleiten diese jungen Menschen, bis sie groß sind. Du weißt, Kinder werden die künftigen Erwachsenen sein und dereinst das Bild der Welt prägen, die Zukunft der Erde bestimmen.

Ich war verblüfft über des Löwen Ausführungen und mehr noch darüber, wie mühelos er meine innere Frage aufgefangen und sogleich offen und freundlich beantwortet hatte, ohne dass ich eine mentale Verbindung zu ihm suchen und ihn explizit um ein Gespräch bitten musste. Ruhig schaute er mich an. Ich bedankte mich freudig für seine freundliche Bereitschaft, sich auf einen Dialog mit mir einzulassen und ließ seine Worte auf mich wirken. Oh ja, jetzt konnte ich seine Wahrheit in den Augen der Schüler erkennen. Respekt für den König der Tiere glomm darin, Achtung. Und damit gewann das imitierte Löwen-Gebrüll plötzlich an Sinn. Die Schulklasse zog weiter und wohltuende Ruhe kehrte ein.

Stören dich Betrieb und Krach der Besucher nicht? fragte ich verwundert den sich in stoischer Ruhe an der Sonne räkelnden Löwenkater. Er meinte:

Ich habe mich daran gewöhnt. Dies ist eine Sache der Einstellung. Es gibt Stunden voller Betrieb und Zeiten von Stille. Jeder Zustand hat seinen Reiz. Je älter ich werde, desto häufiger dämpfe ich meine äußeren Wahrnehmungen und lasse mich in eine Art von Meditation, in meine innere Welt gleiten. Ich genieße die Abendstunden, wenn der Zoo sich leert, die Menschen weggehen und ihren Lärm mit sich nehmen. Dann werden die Naturgeräusche wach und die Stimmen der anderen Tiere hier. Und das Gefühl von Verbundenheit mit der Natur und allem, was existiert, schwillt an und füllt mein Herz.

Was für eine Lebensaufgabe erfüllst du im Zoo? war ich gespannt zu erfahren.

Ich bin Luxor, der Lichtträger. Durch mein Dasein hier bringe ich den Menschen Aufklärung, zeige den Besuchern unsere Le-

bensweise, die Löwen-Persönlichkeit. Ich bringe Licht in die herrschende Unkenntnis über die gefährdete Zukunft meiner Gattung, in das sorglose Verdrängen der unbequemen Wahrheit. Meine Präsenz macht die Menschen achtsam, sie werden vertraut mit uns, lernen mich und meine Familie kennen und sich an unserem Anblick freuen. So werden sie nachdenklich und wachen auf, der tatsächliche Stand der Dinge auf der Erde dringt in ihr Bewusstsein. Ich bin ein Hoffnungsträger. In meiner Heimat existieren von Jahr zu Jahr weniger Löwen, denn die Lebensgrundlagen schwinden mehr und mehr. Unsere Art – und nicht nur die – geht langsam unter. Ich lebe in Gefangenschaft für deren Fortbestand. Meine Kinder sind ebenfalls Väter und Mütter geworden andernorts in Zoos auf der ganzen Welt. Meine Samen gehen auf. Dies ist der Sinn meines Lebens, eine wundervolle Aufgabe.

Auf der Beschriftungstafel vor dem Gehege war zu lesen, die Art der in diesem Zoo lebenden, seltenen indischen Löwen, die in Freiheit einzig noch im Reservat des Gyr-Forests in Indien existieren, sei weltweit inzwischen auf etwa dreihundert geschrumpft, ihre endgültige Ausrottung rücke bedrohlich näher – Alarmstufe rot für diese majestätischen großen Katzen! Mein Gesprächspartner wies also nicht von ungefähr darauf hin. Eine bedenkliche – eine bedenkenswerte Situation.

Zu seinem Namen hatte ich eine grundsätzliche Frage: Du nanntest dich Luxor. Möchtest du gern namentlich angesprochen werden? Ist ein Eigenname für euch in irgendeiner besonderen Weise wichtig, vielleicht zur telepathischen Kommunikation zwischen Mensch und Tier? Ich habe schon oftmals erfahren, dass Haustiere sehr auf ihre Eigennamen achten und nicht immer zufrieden sind mit unserer Wahl für sie.

Nein, der Name ist unwichtig für mich, für alle hier im Zoo. Wir identifizieren uns nicht darüber. Dein Gefühl für mein Wesen, das Wahrnehmen meiner ureigenen Persönlichkeit ist das Wesentliche. In der mentalen Verbindung stehst du nur darüber mit mir in Kontakt. Wie ihr uns Tiere benennt, hat keinen Belang.

Aber wie kann ich so denn sicherstellen, dass ich tatsächlich mit jenem Partner verbunden bin, mit dem ich mich austauschen möchte? Damit derjenige genau weiß, dass gerade er gemeint ist?

Konzentriere deinen Fokus bewusst auf den gewünschten Gesprächspartner, sei er nun anwesend oder als Bild vor deinem geistigen Auge. Dabei ist nicht der Name, sondern das offene Herz die Adresse – das des Absenders ebenso wie jenes des Empfängers der Botschaft. Und das Band, die Leitung zueinander, diese Verbindung entsteht durch Liebe und Respekt. Jeder spürt sich in des anderen Herz hinein. So fließen Stimmungen, Gefühle und Gedankenbilder, Wissen, Fragen und Antworten hin und her. Du weißt, Tiere kommunizieren ohne Worte. Den Inhalt eines telepathischen Austausches übersetzt der Mensch, vielmehr dessen Gehirn in Worte, in seine Sprache.

Ich nahm des Löwenkaters Abgeklärtheit und Ruhe wahr, fühlte seine Freundschaft und Geduld, seine selbstlose Liebe. Mit einer Prise Demut vor der Größe seines Wesens bedankte ich mich für dieses Geschenk. Immerhin ist es ein Gebot von Respekt, dass man ein wenig Dankbarkeit zeigt für die Offenheit und Bereitwilligkeit eines Tieres, uns seine Aufmerksamkeit zu schenken und auf unsere Fragen einzugehen. Ich tue das am Ende einer Kommunikation automatisch, selbst wenn ich es in diesem Buch nicht jedes Mal ausdrücklich erwähne.

*

Der Herbst war endgültig ins Land gezogen. Der Himmel zeigte sich bewölkt, ein paar dunkelgraue Wolkenballen drohten mit Regengüssen. Das hielt mich nicht davon ab, wieder einmal einen Zoobesuch zu unternehmen und mit meinen Aufzeichnungen weiterzufahren. Mittlerweile hatte in meinem Geist das zuvor nur wage Vorhaben für ein mögliches Buchkonzept über Dialoge mit wilden Zootieren immer klarere Form angenommen – zumal meine Gesprächspartner immer wieder betonten, ihre wichtigen, teils sehr ernsten und brisanten Aussagen unbedingt den Menschen zugänglich zu machen und damit zur Klärung von Missverständnissen, Unwissenheit und Bedürfnissen beizutragen. Solch ein Buch würde Plattform für die wilden Tiere sein, sich zu äußern, damit könnte ich ihnen eine Stimme geben. Die Möglichkeit, den Wunsch der Tiere auf diese Weise zu erfüllen, beflügelte mich, meine Idee in die Tat umzusetzen. Frohgemut und unternehmungslustig steuerte ich das nächste Erlebnis einer telepathischen Kommunikation mit dem König der Tiere an.

Das Großkatzen-Gehege hier war wunderschön, die Außenanlage großzügig und spannend angelegt, samt Wasserlauf und kleinem See. Ein mächtiger Löwenmann und seine Partnerin durchstreiften ihr Revier. Der Kater legte sich auf einen erhöhten Felsplatz und überblickte gelassen sein Reich. Ich beneidete ihn ein wenig, hatte ich doch selbst im Augenblick ein wenig Mühe, innerlich Ruhe zu finden. Ein paar Alltags-Ärgernisse griffen immer wieder nach meinem Bewusstsein, stahlen sich in meine Gedanken hinein und belasteten mein Gemüt. Wie deutlich offenbar das für die Löwen vor mir geworden sein musste, zeigte sich sogleich, als ich einmal mehr, ohne Voranmeldung für einen Austausch mit ihnen, genau darauf angesprochen wurde. Tiere können in unseren Seelen lesen wie in einem offenen Buch.

Entspanne dich, tue es mir gleich und genieße die Vollkommenheit des Augenblicks.

Es war der beeindruckende Löwenkater, der sich an meine Adresse wandte.

Spüre dem Jetzt mit all seinen Schattierungen nach. Fühlst du den sanften Wind über dein Gesicht streichen, nimmst du die zahllosen Geruchsfacetten wahr? Hörst du die Laute der Natur? Spürst du die Entspannung in deine Glieder sinken? Lass alle Belastungen und Kümmernisse los, befreie dich. Mache dir nicht so viele Gedanken und unnötige Vorschuss-Sorgen. Die Menschen leben selten in der Gegenwart. Entweder malen sie sich künftige Probleme und Begebenheiten aus, meist unerfreuliche, und verlieren sich in bangen Befürchtungen, in allerlei bedrückenden Angst-Szenarien. Oder sie hängen vergangenen Erlebnissen nach.

Leben heißt jedoch, jeden einzelnen Moment wahrnehmen, Eindrücke, Gefühle und Erfahrungen mit allen Sinnen entde-

cken und auskosten, sie freudig und in Ruhe annehmen und sich ihnen hingeben. Wie oft habt ihr euch doch vor etwas gefürchtet, das in Wahrheit niemals eingetroffen ist – und wie häufig dadurch die Schönheit eines gegenwärtigen Augenblicks verpasst, momentanen Frieden und Freude übersehen. Die Menschen behängen ihren Geist mit düsteren Bildern und laden dadurch ihrem Leben unnötig schwere Lasten auf. Denn die Empfindungen folgen immer der Vorstellung. Schöne Gefühle lassen euch leicht werden und das Herz, euer ganzes Dasein in strahlenden Farben leuchten.

Oh ja, wie rasch sich Stimmungen durch Gedanken beeinflussen lassen, wusste ich aus eigener Erfahrung.

Sei einfach da, verharre in Ruhe, selbst wenn Betrieb und Geräusche dich umwogen.

Er hatte Recht. Ich bemerkte meine leicht hochgezogenen Schultern und ließ sie rasch fallen, roch tausend Düfte und fühlte Windhauch im Gesicht.

Wenn dich jemand ärgert oder verletzt, lass dich nicht beeinflussen. Vergiss nicht, es ist deine Entscheidung, ob du dies zulässt.

Er sprach ein unerfreuliches Erlebnis an, mit dem ich tags zuvor konfrontiert worden war und das mich ziemlich erschüttert und noch heute nicht ganz losgelassen hatte.

Vielleicht verdient jener Mensch dein Verständnis, weil ihn ein Problem plagt, weil er Schmerzen oder Trauer empfindet und gerade nicht anders handeln kann. Versuche, nicht zu werten, weder dich noch andere. Betrachte die Situation von außen, wie ein Zuschauer das Schauspiel auf einer Bühne verfolgt. Richte deine Aufmerksamkeit auf das Positive, statt auf den negativen Aspekt darin. Das halbvolle oder halbleere Glas ist eine zentrale Lebensregel. Beide beschreiben denselben Zustand. Doch bei einem Gedanken empfindest du Zufriedenheit, den anderen begleiten Mangelgefühle. Deine Vorstellung wird zu deiner Wirklichkeit. Es kommt auf den Fokus an.

Der mächtige Löwe verstummte und ich empfand Weisheit und unbegrenzte Liebe um seine Gestalt herum. Sie dehnte sich wie eine riesige Blase aus, die auch mich umschloss. Mit dankbarer Freude für die mir gewährte freundschaftliche Zweisamkeit und seine hilfreichen Botschaften verließ ich die Löwenanlage.

*

In modernen Zoos wird die Gemeinschaftshaltung von zwei bis mehr Tiergattungen angestrebt, um möglichst naturgetreue Lebensbedingungen für die Tiere zu erreichen. Dies natürlich in einer für die zusammen wohnenden Arten möglichst ungefährlichen Form. Vergesellschaftung nennt man diese Gemeinschaftshaltung, deren Ziel eine Anreicherung der Umgebung ist, um die Lebensumstände für die Tiere interessanter, spannender zu machen. Die Anlagen und Gehege müssen dabei so gestaltet werden, dass sich die Tiere aus dem Weg gehen können.

In der neuen, entsprechend konzipierten Löwenanlage eines größeren Zoos wurden denn auch auf Bäumen lebende Sittiche einquartiert. Diese Vögel würden nicht auf den Boden hinunter fliegen und waren auf den Bäumen für die Löwen nicht erreichbar. So dachte man. Doch eine erfinderische Löwin entdeckte eine ganz besondere, strategisch ungewöhnliche Jagdmethode auf die verlockende, gefiederte Beute. Sie schüttelte die Bäume, auf denen sich die Sittiche aufhielten, dermaßen energisch, dass die Vögel doch zu Boden flogen. Dort konnte sie die kluge Löwin erfolgreich jagen und hatte innerhalb kürzester Zeit drei Opfer erbeutet und gefressen. Der Zoo brach die Gemeinschaftshaltung sofort ab.

Dieses Ereignis verlockte mich natürlich dazu, den Ort des Geschehens aufzusuchen. Mit Notizblock und gezücktem Stift richtete ich mich auf einer Bank vor ihrem weitläufigen Revier ein, wandte mich an die fragliche Löwin und wagte sie anzusprechen in der Hoffnung, sie würde sich vielleicht zu ihrem unerwarteten Beutezug äußern. Erstaunlich bereitwillig gab sie mir Auskunft.

Wisse, dass das Leben ein Spiel von Energien ist. Menschen haben dieses selbstverständliche Bewusstsein nicht, für uns Tiere hingegen bedeutet solche Erkenntnis Normalität. Dieses Wissen gehört zum Rüstzeug für unsere Lebenszeit auf der

Erde. Jedes Wesen ist eine Form von Energie, ob Pflanze, Tier oder Mensch. Sogar Steine, Erde, Wasser sind Manifestationen von Energie, von einer bestimmten Schwingungsform. Auch du, so wie ich, bestehst aus Energie. Und die will gestärkt und genährt werden. Nahrungsaufnahme bedeutet also Energiezufuhr.

Löwen stehen an der Spitze der Nahrungskette. Ihr nennt Wesen wie wir Raubtiere, Räuber und drückt dieser Bezeichnung den Stempel von Brutalität und Gefahr auf. Damit verdammt ihr uns, ohne die Zusammenhänge zu kennen. Es ist eine menschliche Schwäche, Wesen nach euren Gutdünken zu werten, oft abzuwerten und rasch zu verurteilen. Unserem Namen heftet ihr den Beiklang von Negativität an. In eurer Vorstellung verbreiten wir Furcht und rauben unschuldigen Wesen brutal und rücksichtslos ihr Leben. Doch in Wirklichkeit verhalten wir uns nach dem Gesetz allen Lebens und handeln in vollkommener Übereinstimmung mit dem Kreislauf der Natur.

Kannst du mich aufklären, wie dies aus Sicht eines Beutetieres aussieht? Leben die nicht in ständiger Angst? Oder muss ich mich da an ein potentielles Opfer wenden?

Noch während ich diese Fragen stellte, bezweifelte ich, sie bei der Löwin an die richtige Adresse gerichtet zu haben. Doch diese zerstreute meine Bedenken und meinte ohne Zögern:

Ich kenne auch diese Antworten, wir Tiere wissen alle um Sinn und Aufgabe jedes Wesens. Denn alle Geschöpfe sind in einer großen Gemeinschaft verbunden, der Mensch eingeschlossen. Alles was existiert, ist in diese Einheit eingebunden. Auch das ist uns Tieren bewusst, im Gegensatz zu den meisten von euch, die den Zugang zu diesem Lebenskreis verloren haben. Unsere Seelen sind eins miteinander, wir fühlen die Herzen anderer Wesen, die Stimmungen, Bedürfnisse und Absichten ganz automatisch. Das ist wichtig zu wissen, bevor ich dir die Funktion von Jäger und Opfer erkläre. Die Form der Kommunikation und Verbindung untereinander, wie du sie ja nun auch kennen und anzuwenden gelernt hast mit uns, ist für euch Menschen eine große Herausforderung und eine ungewohnte Fähigkeit, die ihr euch mit viel Training wieder aneignen müsst. Einst standet auch ihr auf diese Weise in Verbindung mit der Schöpfung. Doch im Laufe der Zeit in die heutige menschliche Zivilisation hinein ist euch diese natürliche Gabe verloren gegangen. Für Tiere hingegen läuft sie so natürlich und selbstverständlich ab, wie sich das Sehen, Hören und Riechen mit den körperlichen Sinnen für euch Menschen anfühlt.

Zügig notierte ich alle Eingebungen, die ich von der Löwin empfing. Ich hatte inzwischen dieses Thema bereits auch von anderen Dialogpartnern erklärt bekommen. Es schien, neben dem Bewusstsein für die Geschichte mit den Energien, ein weiterer zentraler Unterschied zwischen den Tieren und unserer eigenen Spezies zu sein.

Geduldig fuhr die Löwin fort mit ihren Erläuterungen:

Und nun zu deiner Frage nach dem Leben eines Beutetieres. Für alle Wesen, Tiere und Pflanzen, bedeutet Leben ein Dasein zum Wohle der gesamten Schöpfung, ein sich Hingeben. Und auf der anderen Seite ein dankbares Annehmen des freiwillig Dargebotenen. Weil jedes Geschöpf bereit ist zu geben, da zu sein für andere, für den ganzen Lebenskreis, resultiert daraus ein natürlicher Austausch. Dies gilt eben auch für den eigenen Körper, der einem anderen als Nahrung und damit zu dessen Überleben dient.

Fressen und Gefressen werden, blitzte mir durch den Kopf. Und bei dem Gedanken war mir wie immer unwohl, ich mochte diese Vorstellung nicht gern. Die Löwin las in mir und meinte:

Versuche es als natürlichen Vorgang anzusehen. Vergiss nicht, es ist der Kreislauf des Lebens. Wie du ihn empfindest, bestimmt dein eigener Fokus darauf. Es ist die Sicht der Menschen, weil ihnen der wahre Sinn dahinter fremd ist: sich hingeben zum Nutzen eines anderen, zum Erfüllen dessen Bedürfnisses. Es ist niemals Töten aus Mordlust, Egoismus und Gier. Das sind Regungen eurer Gattung. Der Mensch fragt selten nach, meist nimmt er sich rücksichtslos, was er will. Er denkt auf sich bezogen und die Auswirkungen seines Verhaltens kümmern ihn kaum.

Trotz dieser wenig erbaulichen Wahrheit empfing ich von der Löwin warme Empfindungen von Verständnis und Mitgefühl für unsere fehlbare Spezies. Wie jedes Tier wertete sie nicht, sondern nahm uns samt allen Schwächen liebevoll an.

Wesen wie wir, die von den Körpern anderer Tiere leben, sind sich unseres Handelns und dessen Konsequenzen bewusst. Wir sind dankbar für den liebevollen Akt des Beutetieres, das uns seinen Körper opfert, damit wir nicht verhungern. Denn es geschieht aus selbstloser Liebe, dass sich ein Wesen zur Verfügung stellt und sein irdisches Leben aufgibt, damit ein anderes dafür weiter existieren kann. Es kennt den tieferen Sinn seines Daseins.

Aber lebt ein Beutetier nicht in ständiger Angst, überall und zu jeder Zeit unverhofft angegriffen und gefressen zu werden?

Nein, Tiere fürchten sich nicht vor dem Tod. Und es geschieht auch nicht unerwartet. Denn Verfolger und Opfer stehen in Verbindung miteinander. Es entsteht eine kurze Absprache. Der Jäger vermittelt sein Bedürfnis nach Nahrung und ein Tier stellt sich zur Verfügung. Oft ist es krank oder schwach und eine sinnvolle Aufgabe seiner Existenz ist, mit seinem Körper einem anderen Wesen Lebenskraft zu schenken. Kein Geschöpf jagt ein anderes, wenn dieses nicht bereit dazu wäre und eine andere Lebensaufgabe vor sich hat. Es ist stets ein Akt des Schenkens und Beschenktwerdens in Liebe und Dankbarkeit.

Ich war ziemlich überwältigt von diesen Äußerungen und die für Menschen ungewohnt altruistische und schwer nachvollziehbare Lebensweise im Tierreich. Aber noch eine Frage beschäftigte mich:

Wenn die Tiere keine Angst vor dem Sterben haben und dessen Sinn kennen, wieso flüchten sie dann vor dem jagenden Raubtier? Ich fühlte die Löwin lächeln. Sie hatte bereits vor der Fragestellung gewusst, worauf ich hinaus wollte.

Jedes Geschöpf hat seine besondere Gestalt mit eigenen Möglichkeiten, Fähigkeiten und Anlagen, um zu funktionieren und sein Leben auf der Erde zu meistern. Die Grundvoraussetzungen zum Überleben sind genetisch bedingt und von Art zu Art verschieden. Jedes Wesen wird angetrieben von automatisch sich abspulenden, physiologischen Abläufen ebenso wie von Reaktionen auf Umweltsituationen, die seine Existenz sichern und das Fortbestehen einer ganzen Gattung ermöglichen. Gefahren wahrnehmen und ihnen ausweichen, sich von ihnen weg entfernen durch Flucht, ist eine natürliche Handlungsweise – das tun auch Menschen, wenn sie erkennen, dass sie bedroht sind und ein Gegner oder Angreifer ihnen überlegen ist. Tiere, die in der Nahrungskette unter uns Jägern stehen, reagieren denn auch automatisch mit Flucht auf unser Erscheinen. Ihr nennt sie ja auch Fluchttiere. Das schließt jedoch nicht aus, dass der Informationsaustausch zwischen einem Geschöpf, das Nahrung nötig hat und darum bittet und jenem, das sich selbstlos zur Verfügung stellt, ungehindert abläuft. Die Reflexreaktion des Flüchtens resultiert aus der Veranlagung heraus, genauso wie die des Nachjagens und Eroberns von unserer Seite. Auch diese Vorgänge gehören dazu und sind notwendig, um unsere jeweiligen Charaktereigenschaften ausleben zu können. Denn sie sind Teil der Persönlichkeit und Einzigartigkeit jeder Wesensart auf dem Planeten. Wir sind damit geboren worden, um sie einzusetzen und zu erfahren.

Das leuchtete mir ein. Ich wollte mich eben bei der Löwin bedanken für ihre unendliche Geduld und meine Notizen zusammenpacken. Da fiel mir ein, dass sie sich zu ihrer Vogelfang-Aktion in der Löwenanlage noch nicht geäußert hatte. Ob es wohl unverschämt war, sie ebenfalls darauf anzusprechen? Noch während ich zögerte, kam sie mir hilfreich entgegen:

Du möchtest gern erfahren, was zwischen den Sittichen und mir geschehen ist. Wie du weißt, heißt Nahrungsaufnahme Energiezufuhr. Und zwar nicht nur im Sinne von Kalorien, sondern vor allem auf der Ebene von Schwingungen, von Lebens-

energie, die alle Geschöpfe durch Verspeisen anderer Wesen aufnehmen. Bei den vegetarisch sich ernährenden Arten geschieht dies durch die Pflanzen, auch sie sind Energieformen. Wir Tiere, die in Gefangenschaft leben, erhalten nur totes Futter. Das ist energetisch bedeutend weniger wertvoll und stärkend. Denn es handelt sich um Wesen, die in den meisten Fällen nicht freiwillig ihr Leben und ihren Körper geopfert haben in dem üblichen liebevollen Akt zum Nutzen eines anderen. Es sind Geschöpfe, die gedankenlos getötet worden sind, ohne Dank für das Geschenk ihres Lebens und oft nach unwürdiger Leidenszeit in Angst bis zu ihrem traurigen Ende.

Mein Dasein hier im Zoo verbietet mir, jemals meine Veranlagung auszuleben und ein Beutetier zu fangen, im Einverständnis mit einem Wesen zu sein, das sich und seine wunderbare Lebenskraft mir bewusst und liebevoll hingibt. Diese neu und unerwartet in unserem Revier eingezogenen Mitbewohner wussten dies und haben mir freiwillig die niemals wiederkehrende Gelegenheit geboten, meine Jägernatur wenigstens ein einziges Mal zu erfahren. Ich danke ihnen voll Demut für das selbstlose Opfer, ihr Vogeldasein für mich aufgegeben und mir ihre hochwertige Energie zur Verfügung gestellt zu haben. Und dafür, mich meinen angeborenen Jagdinstinkt einen Augenblick lang ausleben zu lassen.

Dies war ein denkwürdiger und außergewöhnlich ausführlicher Austausch gewesen. Ich lockerte mein verkrampftes Handgelenk und steckte die vielen beschriebenen Notizblätter ein. Glücklich über dieses lange Gespräch mit der Löwin, die sich mir mit soviel Wohlwollen und unendlicher Geduld geöffnet hatte, verabschiedete ich mich von ihr und machte mich ganz erfüllt von all den interessanten Erkenntnissen auf die Heimfahrt.

*

Böige Novemberwinde fielen mir in den Rücken und schubsten mich beinahe die Treppe zur Löwenanlage hinauf. Wolkenfetzen zogen rasch über das Himmelsblau und spielten Verstecken mit der Spätherbstsonne. Rundherum schnitten Gärtner die Sträucher und Bäume zurück, kappten Äste und lichteten aus, rodeten einzelne Stellen der Bepflanzung. Ganze Wagenladungen von Zweigen wurden abtransportiert. Ein Teil würde Verwendung finden in verschiedenen Gehegen, damit die Tiere damit spielen, daran knabbern und die Rinden abschälen konnten.

Die Löwen wanderten durch ihr Revier. Der mächtige Kater verharrte im Schritt und ließ sein lautstarkes Brüllen durch den Zoo schallen. Wollte er damit wohl etwas ausdrücken?

Ich zeige anderen Tieren meine Stärke. Ich habe viel Kraft und gebe davon an meine Umgebung ab. Laute sind mächtig, sie haben große energetische Auswirkungen auf die Umwelt.

Das nahe Kreischen einer Motorsäge, die sich durch ein paar dicke Äste frass, lenkte mich ab. Der Löwe fing mein leises Bedauern mit dem Baum auf und fuhr fort:

Ebenso große Energie tragen eure Gedanken und Vorstellungen in sich. Sie bewirken viel mehr, als sich der Mensch bewusst ist. Was ihr sagt, denkt und euch ausmalt, damit beeinflusst ihr, dadurch kreiert ihr die künftige Welt. Zahlreiche Menschen machen sich ernste Gedanken über das Aussterben von Tierarten, die Abholzung des Regenwaldes.

Ja, genau dies war mir eben durch den Sinn geschossen und er ging postwendend auf meine Empfindungen ein:

Und ihr fühlt euch machtlos. Das seid ihr nicht. Jede Veränderung beginnt im Kleinen und wächst an wie ein großer Fluss, in dem sich unzählige einzelne Rinnsale vereinen und zu einem gewaltigen Strom anschwellen können. Aufklärung geht auf manche Weise vonstatten. Ein Weg, andere Menschen zu berühren und wachzurütteln, ist der durch Gedankenarbeit und Informationen, wie durch dieses mit dem Herzen geschriebene Buch. Das ist dein Beitrag für ein Umdenken zu Achtsamkeit und Respekt gegenüber der Schöpfung. Jedes Wesen hat die Macht, unsere Welt zu verändern, auch du. Notiere alles, was aus deinem Herzen strömt. Schreibe auf, was wir in unseren

Gesprächen mit dir teilen. Lass andere Menschen über deine Brücke gehen, über diese Brücke zu uns Tieren.

Dankbar für seine Botschaft fragte ich den Löwen, ob er mir noch etwas auf den Weg geben mochte, eine Empfehlung an mich oder für alle Menschen.

Denke an die Schlangenhaut, die du sahst.

Ach ja, bei meinem Streifzug durch den Zoo hatte ich kurz zuvor in den Terrarien eine farblose schlauchförmige Hülle entdeckt, jenes selten zu entdeckende, geisterhafte Abbild einer Schlange. Aber woher weißt du das? wollte ich verblüfft wissen.

Dieses Erlebnis haftet noch in deinem Herzen, es hat dich beeindruckt, lächelte der mächtige Mähnenlöwe und schaute mir in die Augen. Seine Präsenz zog mich magisch in Bann. Es fühlte sich an, als blickte er mir direkt ins Herz hinein. Ich nahm unsere mentale Verbindung als sehr intensiv wahr.

Häutet euch. Streift alte, begrenzende und einengende Hüllen ab, lasst Neues wachsen. Ehrt die Stärken in euch und gebt sie freudig weiter. So verändert ihr die Welt. Und seid euch stets eurer Gedanken und Worte bewusst. Sie sind mächtig, achtet gut darauf, wie ihr denkt und was ihr sagt.

Der Löwe schüttelte seinen wundervollen Mähnenkranz, reckte den Kopf und ließ erneut sein weit tragendes Brüllen hören. Es war ein imposantes, beeindruckendes Bild, ein machtvolles Schauspiel. Seine wahrhaft königliche Präsenz veranlasste mich zu der Frage, wie ein Löwenmann die Position als Oberhaupt der Familie sah, in welcher Form er seine Macht wahrnahm und ausübte.

Ich muss ein starker, verlässlicher Rudelführer sein zum Nutzen und zur Sicherheit aller Familienmitglieder. Jeder Löwenkater verteidigt mit seiner Kraft Mütter und Junge gegen Eindringlinge, die ihnen gefährlich werden könnten. Unsere dichte Mähne ist geeignet, Prankenhiebe und Bisse abzufangen. Wir haben den Drang, die Familie zu schützen, dem Nachwuchs ein guter Führer und Vater zu sein.

Verbreitet ihr manchmal auch Angst durch eure dominante Präsenz?

Nein, das männliche Oberhaupt ist kein Despot, wir leben in einer harmonischen Gemeinschaft. Familie und ihr Zusammenhalt ist einem Rudelführer ausgesprochen wichtig.

Wieso gehen nur die Löwenweibchen Beute jagen?

Ein Kater muss seine Kräfte sparen. Er darf sich nicht verausgaben, denn er muss jederzeit gewappnet sein für Angriffe von allein umherziehenden jungen Löwenmännern. Dies ist eine wichtige und sehr ernste Aufgabe. Solche starken Einzelgänger versuchen von Zeit zu Zeit immer wieder neu, einen Rudelführer in gefährlichen Kämpfen zu besiegen und dessen Familie zu übernehmen. Dabei töten sie oft anschließend den ganzen Nachwuchs. Die Menschen verstehen unsere Haltung meist nicht, weil sie den wahren Grund nicht kennen. Sie stufen uns vielfach als faule Profiteure ein, welche die Löwinnen für sich Beute schlagen lassen.

Auch er erklärte sich ganz ohne Vorwurf. Tiere werten und verurteilen andere Geschöpfe niemals. Dies ist wohl eine leider unrühmliche menschliche Eigenart. Er fuhr fort:

Wenn die Löwinnen auf die Jagd gehen, bleibt immer eine Mutter bei allen Jungen zurück und beaufsichtigt den gesamten Nachwuchs, sie sind sehr fürsorgliche Wesen. Die Familie steht für einen Löwen im Vordergrund.

Es war Abend geworden. Dämmerung verschluckte langsam die Farben und kroch unter Büsche und in Mauerecken. Bald würden die Tore schließen. Ich wollte mich nicht verspäten und den Nachtausgang benutzen müssen, verabschiedete mich herzlich von meinem gesprächsbereiten, beeindruckenden Gegenüber und verließ, einmal mehr reich beschenkt durch all die bereitwilligen, freundlichen Tierlehrer, den Zoo.

*

Schneeduft lag in der kalten Morgenluft. Der Zoo präsentierte sich noch ziemlich leer und ruhig. Warm eingepackt marschierte ich zügig durch die Wege Richtung Löwenhaus. Ich war ein wenig traurig. In den Zeitungsberichten war kürzlich zu lesen gewesen, dass eine der

Löwinnen vor zehn Tagen zwei Junge zur Welt gebracht hatte, die beide nicht überlebten. Eines war bei der Geburt schon tot, das zweite verstarb kurz danach ebenfalls. Das Wechselbad der Gefühle, welches durch diese Geschehnisse bei mir und vielen Menschen ausgelöst worden war, wollte ich mit dem Löwenvater zu bereden versuchen:

Ich möchte gern diese letzten Ereignisse in deiner Familie verstehen. Die Freude im Zoo und die Enttäuschung danach liegen so nahe beieinander. Kannst du mir etwas dazu sagen?

> *Diese Geburt und das rasche Vergehen der kleinen Erdenbesucher sind nicht so sinnlos, wie es euch erscheinen mag. Es ist eine Frage der Schwingungen. Elternwerden und Geburt brachte eine besondere notwendige Energie in unsere Gruppe hinein. Es war jedoch nicht vorgesehen, dass diese Jungen aufwachsen sollten. Eine wichtige Aufgabe ihrer kurzen Anwesenheit hier war es, erneut die Menschen nachdrücklich im Herzen zu berühren. Nur wenn er Emotionen entwickelt, wird der Mensch achtsam und bewusster für seine Umwelt, für Natur und Tiere. Einzig wenn er Freude empfindet, die in Verlustgefühle und Trauer umschlägt, wacht er auf. Ihr wart alle überrascht und begeistert von der Nachricht über die neu geborenen Löwenbabys. Dass die beiden die Erde sogleich wieder verließen, hat euch geschmerzt und aufgerüttelt. Das kurze Glück und der Verlust danach haben die Medien beschäftigt mit dem Erfolg, dass einmal mehr die schwindende Population unserer Gattung, ja das ständig wachsende Aussterben von Arten auf dem ganzen Planeten, ins menschliche Bewusstsein rückte. Emotionale Begebenheiten finden bedeutend größeren Nachhall in den Herzen. Je unspektakulärer seine Erlebnisse und Gefühle sind, desto leichter verdrängt und vergisst der Mensch unangenehme Wahrheiten. Doch es ist zwingend, dass sehr bald ein nachhaltiges Umdenken stattfindet auf der Welt. Noch ist es nicht zu spät. Wir Tiere helfen euch dabei.*

Nun verstand ich die Zusammenhänge der neuesten Begebenheiten besser. Nachdenklich klappte ich mein Notizheft zu. Trotz allem wäre mir ein Happy End im Kinderzimmer der Löwen lieber gewesen.

*

Zu einer späteren Zeit und bei anderer Gelegenheit durfte ich mich und mit mir unzählige Menschen im Ausgleich dafür über ein unerwartetes frohes Ereignis freuen. Ein junger Löwe war überraschend Vater geworden. Zu Anfang bangten viele Menschen zusammen mit den Wärtern und Betreuern der kleinen Familie um das Gedeihen der Löwenbabys.

Kurz nachdem die erfolgreiche Geburt publiziert worden war, suchte ich das Gespräch mit der frisch gebackenen, erstmals Mutter gewordenen jungen Löwin. Sie lag mit ihren Kindern in der Wurfbox hinter den Kulissen, doch ich konnte mich auch ohne ihr nahe zu sein, telepathisch mit ihr verbinden, physische Präsenz ist nicht Voraussetzung für einen mentalen Austausch. Ich stimmte mich für diese Fernverbindung gefühlsmäßig aus dem Herzen heraus intensiv auf sie ein: Wie geht es dir? Wie fühlt es sich für dich an, Mutter zu sein?

Mutter zu sein ist seltsam und ungewohnt, ich bin hin- und hergerissen. Das macht mich nervös, denn solch ein Zwiespalt ist neu für mich. Einerseits möchte ich diese kleinen, unbeholfenen Wesen beschützen. Andererseits fehlt mir auch wieder die Geduld und ich möchte tun und mich bewegen, wie ich will. Sie sind so winzig und selber nicht lebensfähig. Alles hängt von mir ab und bedeutet eine riesige Verantwortung. Das ist schön und macht mich stolz und wichtig – aber dann auch wieder nicht. Es ist eine gewöhnungsbedürftige Lage.

Das kam mit einem Stoss-Seufzer.

Und doch genieße ich es, gebraucht zu werden und unserer Gattung neues Leben zu schenken. Es ist so sinnvoll und groß.

Ihr Zaudern schien sich während unseres Dialoges gewandelt zu haben. Nach und nach empfing ich deutlich sich steigernde Begeisterung von ihr, Stolz und Bereitschaft. Im Augenblick wirkte die junge Mutter zufrieden – ein positives Zeichen für die Zukunft der kleinen

Familie. Ich war ebenso guter Dinge, freute mich sehr über den unerwarteten Kindersegen bei den Löwen und wünschte der Mutter und dem Nachwuchs alles Liebe.

*

Heute, etliche Wochen später, stand ich inmitten unzähliger Zoobesucher begeistert vor dem weitläufigen Löwengehege und bestaunte glücklich das sich bietende fröhliche Schauspiel. Inzwischen konnten Anspannung und Besorgnis um die beiden Babylöwen definitiv abgelegt werden. Die beiden tapsigen, putzmunteren Jungtiere waren nun bereits ein paar Monate alt und vermittelten pure Lebenslust. Unter den Kontrollblicken ihrer fürsorglichen Mutter erkundeten sie unternehmungslustig ihr Revier und balgten lustig miteinander. Von Anfang an zeigte sich der Löwenkater als geduldiger und vorbildlicher Vater. Ohne Scheu kletterten die putzigen Knirpse frech auf ihm herum und kuschelten sich genauso an ihn wie an ihre Mutter. Die Löwenfamilie war ein wahrer Publikumsmagnet. Ganze Trauben von Besuchern verweilten täglich vor der attraktiven Anlage, ließen sich verzaubern von dem ausgelassenen und kecken Treiben der drolligen Löwenjungen und konnten ein Bild großer Harmonie, Vertrautheit und Zusammengehörigkeit in sich aufnehmen. Und ich dachte mir, dem einen oder anderen Zuschauer würde insgeheim bewusst werden, was Familie bedeuten mochte.

Auf dem Pfad der Elefanten

Würden mir andere Zootiere auch so offen und bereitwillig begegnen und sich auf ein Gespräch einlassen wie der Mähnenlöwe, mein allererster Dialogpartner? Das fragte ich mich gespannt vor nun vielen Monaten, zu Beginn meiner telepathischen Kommunikationsversuche mit wilden Tieren. Beflügelt von dem erfolgreichen Austausch mit besagtem freundlichem Löwenkater machte ich mich damals also entschlossen auf den Weg zum kleinen Elefantenpark. Meine zweiten Gesprächspartner sollten die ruhigen Dickhäuter sein.

Schon von Weitem sah ich einen Elefantenbullen in seinem Außengehege stehen. Er wiegte sich Rüssel schwingend sichtlich etwas gelangweilt hin und her und schaute mir erwartungsvoll entgegen. Ich ließ rasch mein kleines, innerliches Ritual für eine mentale Verbindung ablaufen, öffnete ihm mein Herz und wollte wissen, ob er mit mir reden mochte und wie er sich fühlte. In derselben Sekunde begann auch schon der Fluss seiner Übermittlungen zu strömen.

Nun, es läuft gerade nicht viel. Aber ich bin das gewohnt und kann mich darein schicken. Doch jede Abwechslung ist mir hoch willkommen. Es macht mich froh, wenn ab und zu Menschen sich Zeit nehmen, mich zu beobachten und es belebt mich. Danke, dass du mich wahrgenommen hast, ich freue mich sehr, mich mit dir auszutauschen.

Glücklich über den problemlosen Kontakt auch mit diesem Wildtier fragte ich: Möchtest du mir verraten, was dir besonders gefällt, als Elefant zu leben, wie es sich anfühlt, ein so großes und gewichtiges Tier zu sein?

Das Dasein als Tier ist in vielem leichter als ein Mensch zu sein. Ihr koppelt euch so stark ab von der Gemeinschaft der Schöpfung, die in Liebe verbunden ist – denn alles ist eins – dass ihr euch mit Angst füllt und euch nicht mehr dem Fluss des Lebens zu überlassen traut. Als könntet ihr mit dem Verstand den Lauf der Dinge aufhalten und verändern nach eurem Willen. Das Wahre aber ist, euch voller Freude dieser Zeit im irdischen Körper hinzugeben und sie mit allen Sinnen zu erleben, jeden Augenblick. Denn Zeit ist eine Folge von aneinander gereihten Momenten, wie Perlen an einer wundervollen Kette. Ich bin gern Elefant, spüre meine gewaltige Kraft, die sich mit der Natur verbindet in einem unablässigen und starken, genussvollen Austausch. Ich habe eine große Gestalt, damit die Menschen mich wahrnehmen, mit den Augen und im Herzen. Im Zoo hoffe ich beitragen zu können, dass viele Menschen das untrennbare Zusammenhängen von Tieren, Natur und ihnen selbst erkennen lernen. Ich lebe hier auf ziemlich begrenztem Raum. So ähnlich sieht es jedoch auf der ganzen Welt mehr und mehr aus: Der Lebensraum von uns Tieren geht unaufhaltsam verloren durch zivilisatorische und profitgesteuerte Eingriffe – und damit schwindet bald einmal auch die Lebensgrundlage für den Menschen. Es ist höchste Zeit, dass er erwacht und erkennt.

Wie allen Tieren eigen, waren auch des Elefantenbullen Ratschläge voll Besorgnis, jedoch nicht mit Tadel, sondern mit Verständnis und Mitgefühl für unsere Blindheit gewürzt.

Soeben trat ein junger Vater mit seinem höchstens vierjährigen Sohn herzu. Beide verfolgten aufmerksam die Bewegungen des Elefanten. Der kleine Knirps lächelte mich zutraulich an und erklärte mir haarklein, was er alles entdeckte: das Wippen, den beweglichen Rüssel, die Stosszähne. Der Dreikäsehoch beschrieb den Bullen sehr treffend, und er schien dessen Kraft, Geduld und Liebe mit dem Herzen wahrzunehmen. Dieser Kleine war reizend, aber eine nie versiegende Plaudertasche. Der Vater lächelte stolz und verfolgte stumm, wie mich sein Sprössling ohne Scheu in ein kindliches Gespräch verwickelte. Ich wurde langsam nervös und blockte ein wenig ab, denn ich hatte doch eine Reihe von Fragen an die Elefanten vorbereitet, die ich loswerden wollte. Plötzlich mischte sich der Bulle in meine Gedanken und meinte amüsiert:

Lass doch deinen Fragenkatalog und deinen vorgegebenen Ablauf für ein Gespräch mit mir. Wir können uns auch so verbinden. Telepathischer Austausch durch Herzensverbindung ist die natürlichste Sache der Welt und keine Arbeit aufgrund eines Pflichtenheftes. Bleibe spontan. Rede mit mir, wie du es mit deinen Freunden tust, so selbstverständlich und locker. Nimm einfach an, was an dich herantritt. Lass den Kleinen plaudern. Sieh nur, wie sehr er bei der Sache ist und wie intensiv er fühlt.

Er ist noch unverbildet und stark verbunden mit den Tieren. Schau, wie deutlich er mich wahrnimmt und was um ihn herum geschieht. Kinder sind die künftigen Erwachsenen. Dieser Kleine wird offener bleiben im Herzen als andere. Solche Wesen helfen der Menschheit auf den Weg zurück in die Verbindung des Lebenskreises. So wie du. Mit diesem Buch wirst du ein Wegbereiter der Herzen, ein Pfadfinder der allgegenwärtigen Liebe sein.

Ich entsinne mich, wie verdattert ich mich damals wunderte, woher der Bulle von einem Buch wissen konnte. Ganz im Geheimen und noch zaghaft erst hatte sich in mir soeben der Gedanke zu formen begonnen, solche Dialoge mit Wildtieren zu sammeln und vielleicht gar anderen Menschen zugänglich zu machen. Denn sie zeigten sich spannend, neuartig, weise und ziemlich philosophisch, deutlich anders als meine bisherigen Gespräche mit Haustieren. Doch war dies vorerst nur eine flüchtige Idee, noch kaum geboren. Der graue Riese schien zu lächeln über meine stumme Verblüffung.

Wundere dich nicht. Wir Zootiere sind es, die dich im Herzen dazu aufgerufen haben. Unbewusst leistest Du unserem Anliegen nun Folge. Denn es ist ungeheuer wichtig, dass den Menschen das Licht der Erkenntnis gebracht wird. Jetzt! Die Zeit ist reif. Es wird weitere Bücher geben auf der Welt, die eure Spezies aufwecken, und es werden noch viele mehr, die alle das alte Wissen um die Gemeinschaft der Schöpfung aus der menschlichen Vergessenheit ans Licht holen, so dass der Respekt vor anderen Lebewesen und vor euch selber wieder wachsen kann. Damit ihr in die Liebe zurückfindet.

So war das also, dachte ich ziemlich platt.

Dann wurde ich abgelenkt und wieder zurückgeholt von meiner Gedankenreise, als mich der Kleine zu meiner Linken erneut ansprach. Entspannt ging ich auf seine Frage ein, was ich denn jetzt tun würde und antwortete, ich schriebe auf, was wir hier erlebten, damit ich nichts vergäße und es später anderen erzählen könne. Doch der junge Vater befürchtete wohl weitere persönliche und womöglich peinliche Fragen, nahm seinen Sohn an der Hand und verabschiedete sich verlegen lächelnd.

Der Bulle schaute den beiden nach, er wirkte plötzlich etwas verloren in seinem separaten, von den Elefantendamen mit ihrem Nachwuchs abgetrennten Gehege. Ich fragte ihn, wie er sich fühle so allein und wie ihn der Verlust des, wie ich wusste, vor nicht langer Zeit in hohem Alter verstorbenen Mitgliedes seiner Familie berühren würde.

Ich bin nicht wirklich allein, nur weil eine meiner Gefährtinnen diese Welt verlassen hat. Das erscheint dir nur aus menschli-

cher Sicht so. Sie war zwar meine engste Vertraute, ein starkes hilfsbereites Wesen, deren körperliches Fehlen eine spürbare Lücke hinterlässt. Doch sie ist nicht eigentlich aus unserer Nähe verschwunden. Die Größe und Einzigartigkeit ihrer Schwingungen ist für uns alle im selben Maße präsent wie zuvor, auch wenn sie nun körperlos ist und in einen anderen Seinszustand gewechselt hat. Wenn es meine Absicht ist, sie zu fühlen, ist sie da, wahrnehmbar mit dem Herzen, auf der Seelenebene.

Ich versuchte mir vorzustellen, wie das funktionieren könnte. Er erklärte sich genauer:

Dies ist heute wohl schwer verständlich für euch, denn die Menschen haben im Laufe der Entwicklung ihre Absicht ähnlich eingesetzt, jedoch mit einem unguten Ziel. Mehr und mehr habt ihr euch willentlich aus dem Raum des Innen, ihr nennt es Herzen – das ist dort, wo ihr sämtliche Schwingungen, alle Energien erleben könnt – zurückgezogen und euch bewusst auf das Außen eingestellt. Durch euren eigenen Willen hervorgerufen, habt ihr einen veränderten Blickwinkel und eine andere Wahrnehmungsebene erlangt und eingeübt. Damit habt ihr euch aber abgetrennt vom Seinszustand der Schöpfung. Mit der Zeit geriet dann der Weg zurück zum alten Wissen in Vergessenheit.

Doch ihr findet die Erinnerung wieder, wenn dies eure zweifelsfreie Absicht ist. Dann öffnen sich eure Herzen. So zeigt sich das Innen, und die Schwingungen der Liebe, die alles Leben zusammenhalten, sind für euch erneut wahrnehmbar. Hier seid ihr wieder am Ort der Verbindung zur Schöpfung und könnt mit allen Wesen in Kontakt treten, mit denen ihr es möchtet. Auf diese Weise verbinde ich mich auch mit meiner alten Gefährtin.

Der mächtige Bulle verstummte. Schon eine ganze Weile hatte er aufgehört mit seinen monotonen Schaukelbewegungen. Jetzt durchmaß er gemächlichen Schrittes seine äußere kleine Welt, während er in einer viel größeren inneren Welt liebe Freunde wie seine vertraute Elefantentante besuchte. Ich überließ ihn seiner Versunkenheit und stahl mich leise davon.

*

Endlich hatte ich eine aufreibende Zeit voller Termine und Pflichten hinter mich gebracht und freute mich, wieder einmal in der Atmosphäre eines Zoos abzuschalten und die Gesellschaft all der interessanten Persönlichkeiten unter den wilden Tieren genießen zu können. Die Elefanten standen oder liefen gemächlich in ihrem kleinen Park herum. Einer vergnügte sich selbstzufrieden mit auf dem Boden verstreuten Zweigen und werkelte mit seinem Rüssel herum. Er fühlte, dass ich ihn beobachtete und sprach mich gleich selber an.

Genieße, entspanne dich. So wie ich.

Er demonstrierte es, hob einen Fuß hoch und ließ ihn locker an den anderen gestützt, einen Moment gewichtslos ruhen.

Ich lasse mich treiben von Moment zu Moment. Tut es mir gleich. Menschen machen sich ihr Dasein oft selber trübe. Es ist sinnlos, ständig dem nachzutrauern, was ihr nicht habt. Schätzt vielmehr, was ihr erleben dürft. Auch Kleinigkeiten sind winzige Abenteuer. Sieh nur das Wasserrinnsal hier. Wasser ist spannend. Ich rieche daran, nehme es im Rüssel auf und befeuchte meinen Bauch damit.

Er tat es genüsslich.

Ich beobachte sein Fließen, wie es sich mit Erde vermengt und braun wird. Konzentriert euch auch auf die kleinen Dinge. Sie bringen Ruhe. So klinkt ihr euch aus der ständigen Hetze aus, deren Sklave der Mensch geworden ist.

Er hatte Recht, das nahm meditativen Charakter an. Was mich zu der Frage führte, wieso eine Meditation in der Gruppe tiefer ausfallen konnte und meist auch schneller eintrat.

Die Nähe von Gleichgesinnten stärkt immer die Energie in der Gesamtheit. Absicht oder Tätigkeit in einer Gemeinschaft mit demselben Ziel kumuliert die Schwingungen jedes einzelnen mit denen der anderen Gruppenmitglieder. Auch Gedanken sind Energieschwingungen, gute wie negative. Vergesst nicht, wenn die Gedanken bösen und zerstörerischen Absichten entspringen und von einer Vielzahl von Menschen gedacht werden, verstärken sie sich und können schlimme Folgen haben. Kontrolliert eure Gedanken und seid euch ihrer Kraft bewusst.

Dass Gedankeninhalte – der Zoologe und theoretische Biologe Richard Dawkins nennt sie Mem – eine Energieform besitzen, also so etwas wie ein Eigenleben haben und übermittelt werden können, ist vielen von uns, gelinde gesagt, suspekt. Doch die Wissenschaft ist immerhin dabei, eine Erklärung oder zumindest einen Ansatz dafür zu finden, Unfassbares wie Telepathie, Synchronizität und Ähnliches auf einen erklärbaren Nenner zu bringen und es salonfähig zu machen. Zum Beispiel durch die Theorie eines morphogenetischen Feldes von Rupert Sheldrake oder des Nullpunkt-Feldes von Lynn McTaggart (vgl. Anhang). Der Mensch braucht eben offensichtlich Beweise, um nicht Greifbares akzeptieren oder überhaupt in seine Vorstellungswelt reinlassen zu können.

Der Elefant griff meine Gedanken auf und meinte:

Ja, Menschen stehen sich in vielen Dingen selber im Weg. Sie schustern sich ein Weltbild zurecht und klammern sich auf Gedeih und Verderb daran aus Furcht, ihren sicheren Halt im Leben zu verlieren, wenn sie fremde Meinungen oder eine unbekannte Vorstellung als mögliche Tatsache zulassen würden. Es ist die Angst, die den Menschen blockiert. Habt doch Vertrauen ins Leben und nehmt seine Geheimnisse freudig und leichten Herzens an, in jedem Augenblick.

Ich bemerkte, wie die Elefanten sich plötzlich alle aufeinander zu bewegten und vergewisserte mich: Du hast erklärt, in einer Gruppe hebe sich die Energie an. Spürst du das auch im Umkreis von deinen anderen Familienmitgliedern?

Ja, ich genieße das Bad in der Energie meiner Familie. Ein Austausch von Schwingungen findet immer statt, auch über Distanzen hinweg, weit über physischen Kontakt hinaus.

Der Bulle gesellte sich zu seiner kleinen Herde. Ich überließ ihn seiner eigenen Welt und zog mich zurück.

*

Gedankenverloren verweilte ich vor dem Kamelgehege, ließ mich von der Sonnenwärme einlullen und genoss den Anblick der friedlich wiederkäuenden Trampeltiere, als plötzlich lautes Trompeten vom Elefantenrevier herüber schallte. Neugierig, ob dies etwa als Aufforderung zu einem Gespräch mit ihnen galt, ging ich die paar Schritte zur Elefantenanlage. Die ganze Gruppe bewegte sich zufrieden an der Sonne. Noch ehe ich meine Frage über die mir bildlich vorgestellte Lichtbrücke als Verbindung zu ihm hin übermitteln konnte, griff der mächtige Elefantenbulle den Gedanken direkt aus meinem Herzen auf. Das taten die Tiere hier fortwährend.

Nein, der Ruf betraf ein Mitglied meiner Familie. Aber ist schön, dass du vorbeikommst.

Ich empfing ein Lächeln und die Aufforderung, ihn zu fragen, was immer mich bewegen würde. Mich interessierte, ob er vielleicht eine besondere Beziehung zu einem anderen Tier im Zoo hätte und mit ihm in Kontakt stünde.

Da gibt es viele. Wir alle stehen untereinander in Verbindung. Aber du hast Recht. Elefanten tauschen sich gerne mit den Kamelen aus. Sie möchten wandern wie wir. Diese leise Sehnsucht lässt uns einander im Empfinden nahe kommen. Sie und wir haben keine Möglichkeit, unsere Aufgabe als Helfer der Menschen im körperlichen Sinn auszuleben. Kamele sind Träger. Auf ihrem Rücken können Menschen unwirtliche Wüsten durchqueren und Lasten transportieren. Zu Fuß wäre das unmöglich. Elefanten sind ungemein starke Tiere. Wir sind ebenso als Träger und zu manch anderen Arbeiten für den Menschen ideal geeignet. Kamele und wir fühlen diesbezüglich in gewisser Weise ähnlich, sie sind für uns wie weit entfernte Verwandte.

Bieten sich euch keine anderen Herausforderungen im Zoo? Ich meine, außer eurer Lebensaufgabe für die Menschen.

Nein, keine körperlichen. Geistige hingegen schon, wir sind sehr lernfreudig. Unsere Betreuer lehren uns ein bisschen ihre Wortsprache kennen. Sie bringen uns gewisse Laute bei, die bestimmte Aussagen oder Umstände betreffen. Wenn sie wollen, dass wir beispielsweise den Fuß anheben für die Nagelpflege, lernen wir den dazugehörigen Klang für diesen Befehl. Desgleichen, wenn sie uns auffordern hinzuknien zum Rücken schrubben, das wir sehr lieben. Und noch viele Lautfolgen mehr. Allerdings können wir die Wünsche unserer Pfleger ganz einfach in ihrem Inneren lesen und verstehen auf diese Weise, was sie von uns erwarten.

Der Bulle schien zu schmunzeln und mich augenzwinkernd anzublicken, als er dieses kleine Geheimnis mit mir teilte. Natürlich, Tiere empfangen ja leicht unsere Gedanken und Gefühle. Trotzdem wunderte ich mich und meinte: Auch ich konnte schon mehrmals mitverfolgen, wie euch solche Befehle beigebracht wurden. Doch nicht immer hatte es den Anschein, als würdet ihr sie verstehen.

Das mag auf euch so wirken. Doch es geschieht immer dann, wenn die Menschen uns zu respektlos und ungeduldig ihren Willen aufzwingen möchten. Dann befolgen wir die Befehle nicht. Wir sind bereit mitzutun, wenn wir liebevolle Achtung spüren, andernfalls haben wir keine Lust dazu und zeigen es, um die menschlichen Lehrer auf ihr Verhalten aufmerksam zu machen.

Das konnte ich gut nachvollziehen. Während der mächtige Elefant gemächlich wieder Richtung Innenanlage wanderte, steckte ich mein Schreibzeug weg und wir verabschiedeten uns zufrieden voneinander.

*

In letzter Zeit war in meinem weiteren Umfeld das Thema Abschied und Tod aktuell geworden – etwas, das mich sehr belastete. Ein Ausflug zum Zoo lenkte mich ab und ich dachte nicht mehr bewusst daran. Bei der Elefantenanlage machte ich Halt, zückte mein Notizheft und wandte mich an die ganze Gruppe mit einer allgemeinen Frage: Möchtet ihr mir etwas sagen oder uns lehren?

Bleibe stark in jeder Situation. Zum Kreislauf des Lebens gehört auch der Tod. Verlass den Pfad des Denkens von euch Menschen. Tod ist kein Ende. Das Abstreifen der körperlichen Hülle bedeutet nicht endgültiges Verlassen von hier zurückgebliebenen Wesen. Die Verbundenheit bleibt bestehen, denn die Seele ist unvergänglich. Und der Moment des Übergangs ist nicht so schrecklich, wie du ihn dir ausmalst. Tiere sträuben sich nicht dagegen, sie nehmen vertrauensvoll an, was mit ihnen geschieht. Das macht das Verlassen des Körpers leicht.

Da war ich ja wieder einmal ertappt worden in meinen wahren Gedanken, bei meinem aktuellen Problem. Ich spürte, dass es der Elefantenbulle war, der mit mir in Kontakt stand. Ernst fügte er an:

Notiere, was wir dir erzählen. Trage es nicht nur in deinem Herzen, sondern unter die Menschen. Damit wirst du wichtigen Anteil haben, Erkenntnis und Wissen zu verbreiten für die Aufklärung eurer Spezies.

Kann ich vielleicht noch einen weiteren oder besonderen Beitrag leisten dazu? wollte ich wissen.

Alles, was du dafür tust, ist besonders. Jedes Gespräch, das du mit einem Wesen hier im Zoo führst, voll Freude, Eifer und Liebe zu uns und zur Sache, trägt das Echo dieser Schwingungen in sich und stärkt die Wirkung des Geschriebenen. Erzähle über Achtung und Liebe zu allen Geschöpfen, über die Gleichwertigkeit aller Lebewesen. Unsere Seelen sind wie eure. Diese Einsicht beim Menschen zu wecken ist das Ziel. Und dieses Buch ist der Wegweiser dahin. Freue dich mit uns zusammen darüber!

Das werde ich gerne tun. Ich sagte den hilfsbereiten Elefanten auf Wiedersehen und empfahl mich frohgemut.

*

Verfrühter Schneeduft lag in der kalten Morgenluft. Heute präsentierte sich der Zoo noch ziemlich leer und ruhig. Frostiger Wind blies mir einen vorwinterlichen Gruß in die Nase und trieb mich ins mollig beheizte Elefantenhaus. Im Besucherraum beobachteten nur wenige

Leute die Morgentoilette der Elefantenmütter und ihres Nachwuchses. Den dazugehörigen Bullen sah ich nicht, hörte ihn nur in seinem Nebenraum rumoren. Ich stellte eine Herzensverbindung zu ihm her und fragte ihn aus der Ferne, weshalb er alleine sei. Für einen telepathischen Kontakt ist Sichtkontakt nicht nötig. Wie ich bereits erwähnte, reicht allein die Absicht aus, sich mit einem bestimmten Wesen zu verbinden und mentale Gespräche zu führen.

Ich muss allein sein mit mir selber, ich habe im Moment meine Empfindungen nicht ganz im Griff.

Ich verstand, wovon er sprach. Es war sein regelmäßig wiederkehrender, seltsamer hormoneller Zustand der so genannten Musth, welcher einen Elefantenbullen unberechenbar werden lässt. Dies war eine gute Gelegenheit, ihn darauf anzusprechen: Wir Menschen fragen uns, was dieses Phänomen auslösen könnte und was es eigentlich bedeutet. Magst du mich darüber aufklären?

Es fühlt sich an wie ein Überschuss an Energie, ein Zustand von Ruhelosigkeit, massivem innerem Druck. Das ist schwer zu ertragen und stimmt aggressiv. Mein Körper arbeitet auf Hochtouren und findet kein Ventil. Körpersäfte fließen, aber sie bringen keine Linderung, entspannen nicht, sie sind nur ein Zeichen von innerer Überaktivität. Der Druck steigt bis in meinen Kopf und schmerzt. Der geringste äußere Eingriff, Lärm oder Berührungen sind zuviel. Es drängt mich, Energie abzulassen. Dann habe ich das Bedürfnis, um mich zu schlagen, um sie abzuschütteln und versuche, sie in die Erde zu stampfen. Ich fühle mich übermächtig und könnte Bäume ausreißen – doch es ist keine ruhende Kraft, sie ist ungebändigt und enthemmt. Sie brodelt und will ausbrechen wie ein Vulkan. Aber hier im Zoo kann ich mich nirgends wirklich abreagieren. Ich muss einfach allein sein. Ich bin in mir selber verloren, und das nicht in Ruhe, sondern in explosiver Emotion. Dort muss ich warten, bis meine Energien wieder ausgeglichen fließen.

Was ist denn der Sinn dieser Musth? war ich begierig zu erfahren.

Deine Frage kann ich dir nicht beantworten, wir wissen es nicht. Dieser Zustand ist nur uns Bullen eigen, er hängt zusammen mit der männlichen Energie. Wir alle teilen die Erfahrung ohne zu verstehen. Die Musth ist unergründlich. Dieses Geheimnis, neben vielen anderen, ruht verborgen in der Unendlichkeit der Schöpfung. Das Wunder des Lebens und seine Spielarten vermag kein Wesen zu verstehen. Wir nehmen es an und suchen nicht zu ergründen wie die Menschen. Und wir werten nicht. Es ist so, wie es ist.

Gemessen an seinen ziemlich bedrohlichen Schilderungen wunderte ich mich, wie ruhig er gerade zu sein schien. Es drang kein auffälliger Lärm aus den hinteren Räumen, wo er sich, für mich nicht sichtbar, aufhielt.

Diese Kräfte schwanken. Im Moment schlummern sie und belasten mich nicht. Sie brodeln als leises Murmeln in der Tiefe, nur weiß ich nicht, wann sie plötzlich an die Oberfläche drängen und mit Macht ausbrechen wollen.

Es gibt noch ein weiteres seltsames Phänomen im Leben eurer Spezies, das sich Verhaltensforscher so wie ich nicht erklären können: Wie kommt es, dass in trockenen und unwirtlichen Gebieten die Elefanten von Regen, der Tagesmärsche entfernt fällt, wissen können und auf magische Weise darauf zuwandern – ohne Gegenwind oder sonstige wahrnehmbare Zeichen? Neuere Forschungsberichte erzählen davon. Muss auch dies ein Geheimnis bleiben oder hast du da vielleicht eine Antwort darauf?

Erinnere dich daran, alles was existiert ist Energie in Schwingung, Materie in jeder Form und sogar Gedanken sind es. Alle diese Schwingungsmuster können Tiere wahrnehmen und zuordnen. Es ist wie eine Sprache, die wir entschlüsseln und verstehen können. Haben wir Durst und möchten ihn stillen, richten wir unseren Fokus auf dieses Bedürfnis, auf den Wunsch Wasser zu finden. Ist nun an gewissen Orten davon vorhanden, nehmen wir die entsprechenden Energieschwingungen wahr – seien sie nun in Form einer bereits vorhandenen Wasserstelle oder aber von Regen, der irgendwo in unserem Land zur Erde fällt und sich dort neu sammeln kann. Wir wissen also, wohin uns wenden, um Wasser zu finden. Wenn wir den Wunsch danach haben und es brauchen, ruft uns das Wasser zu sich.

Fasziniert und dankbar für seine interessanten Ausführungen wollte ich eben zusammenpacken und mich von meinem Gesprächspartner verabschieden. Im selben Moment nahm ich ein Gefühl wahr, als hätte er etwas auf dem Herzen, das er loszuwerden trachtete, ehe ich weggehen würde. Also fragte ich nach, ob er mir vielleicht noch etwas mitteilen mochte.

Notiere dies: Es wäre schön, wenn die Menschen aufhörten, sich so wichtig zu nehmen. Darüber vergessen sie, sich dem Leben hinzugeben. So haben sie auch aus den Augen verloren, wie untrennbar alles miteinander verbunden ist: Pflanzen, Tiere, Wasser, die ganze Natur, ja der gesamte Planet. Alles sollte im Gleichgewicht sein. Das ist jedoch bereits erschreckend lange nicht mehr der Fall. Der Mensch verhält sich zu egoistisch, lebt und handelt selbstbezogen. Er hat die Bescheidenheit vor der Schöpfung verloren, greift überall ein, vernichtet und vergiftet. Und all das einzig, um Materie anzuhäufen. Jeder für sich allein und ohne Rücksicht auf andere, die darunter leiden und denen er wegnimmt. Der Sinn des Lebens liegt aber im Gegenteil. Wenn jeder zum Wohl von allen denkt und handelt, profitiert die ganze Schöpfung und keiner büßt deswegen etwas ein.

Woher kommt denn dieses Denkmuster jeder gegen jeden? wunderte ich mich.

Der Mensch hat verlernt zu vertrauen, dass für alle genügend da ist zum Leben. Er hat verlernt zu lieben, sich selber so wie die ganze Natur. Wo jedoch Liebe und Vertrauen fehlen, nistet sich Misstrauen und Furcht ein. Und es ist Angst, die heute den Menschen regiert. Sie bringt ihn dazu, so zu handeln und denken wie in der heutigen Zeit. Jeder wäre sein Feind, wähnt er, jeder nähme ihm etwas weg. Also muss er kämpfen, für sich allein und gegen alle anderen, muss Werte anhäufen ohne

Rücksicht auf Verluste und leidvolle Spuren, die er damit hinterlässt. Und aus Furcht entwickelt sich leicht Hass. So entsteht Krieg. Krieg um Land, um Güter, sogar um Glaubenswerte. Nein, sei nicht hoffnungslos, jeder kann zur Umkehr beitragen. Das beginnt im Kleinen. Fühlt wieder Liebe, Achtung und Respekt für euch selber. Dann seid ihr auch fähig, dies für jedes andere Wesen zu tun, ob Mensch, Tier oder Pflanze. Nicht zu vergessen eure wichtigste Lebensgrundlage: das Wasser, das ihr so unbekümmert und gedankenlos verschmutzt.

Er hatte leider allzu Recht und ich nahm mir vor, das Thema Wasser gründlicher zu durchleuchten, als der Bulle meine Gedanken sogleich aufgriff und empfahl:

Geh zu den Fischen, sie haben dazu viel Dringendes zu erzählen. Das Wasser ist ihr direkter Lebensraum und sie sind begierig, die Menschen darüber aufzuklären.

Ich dankte meinem Dialogpartner für seine wertvolle Hilfe und die spannenden Aussagen und versicherte ihm, seiner Empfehlung zu folgen, um so bald als möglich die Botschaften der Fische entgegenzunehmen.

Sämtliche Gespräche mit den Dickhäutern hatte ich jeweils mit asiatischen Elefanten geführt. Denn in den Zoos wird vorwiegend diese pflegeleichtere Unterart gehalten, ebenso im Zirkus. Im Gegensatz zu den etwas schwereren und höher gewachsenen afrikanischen Elefanten mit ihren langen Stosszähnen und den als typisches und augenscheinlichstes Unterscheidungsmerkmal deutlich größeren Ohren, werden viele asiatische Elefanten in Indien von ihren Mahouts, den Trainern und Betreuern, als Arbeitstiere ausgebildet und eingesetzt. Ihre afrikanischen Verwandten dagegen sind im Verhalten etwas wilder und deshalb weniger geeignet für Arbeitseinsätze bei den Menschen.

Am See der Flamingos

Ehe ich der Empfehlung des Elefanten folgte und bei meinem nächsten Ausflug die Welt der Fische aufsuchte, wollte ich gleich beim Eingang zum Tiergarten noch einen Halt bei den Flamingos einlegen.

Seit Tagen lag der Zoo unter einer Schneedecke. Mein Atem formte kleine Nebelwölkchen in der kalten Winterluft. Ich verharrte einen Moment vor der Flamingo-Anlage. Der Winter hielt die Natur in eisigem Griff. Doch der Weiher der Flamingos konnte auch bei tiefen Minustemperaturen am Zufrieren gehindert werden, indem warme Luft aus dem Hintergrundbereich des nahen Aquariums eingeblasen wurde, damit die Vögel Zugang zum Wasser hatten, ohne sich an spitzen Eiskanten zu verletzen.

Voll Freude beobachtete ich die friedlich wirkende kleine Kolonie mit den gesund heranwachsenden Jungvögeln in ihrem noch grauen Kinder-Gefieder, und ich fühlte mich freundlich willkommen geheißen. Diesen Eindruck hegte ich, obschon alle Flamingos ganz mit sich selber beschäftigt zu sein und das weitere Umfeld wie auch mich ausgeblendet zu haben schienen. Ich wunderte mich und wollte wissen, wie sie ihre Aufgabe hier im Zoo sehen würden.

> *Wir sind das Tor zu einer veränderten Wahrnehmung für den Menschen. Unsere Färbung und exotische Form lässt euch innehalten. Wir berühren den Sinn von Ästhetik, sind Augenschmeichler, ein lebendes Aquarell. Als Vogelform sind wir euch vertraut und flößen keine Angst ein, wie beim Anblick von Fremdartigen. Dennoch verkörpern wir gerade so viel Anderssein mit unserer Größe und unserem einzigartigen geknickten Schnabel, durch den überlangen geschmeidigen Hals und die stolze Haltung, um eure Aufmerksamkeit zu fesseln. Oft sind es die Kinder, die von unserem Anblick magisch angezogen werden, von dem Gefieder in der geheimnisvollen Farbpalette von zartrosa bis orange eines fernen letzten Widerscheins der untergehenden Sonne am Abendhimmel.*

Es waren sehr poetische Formulierungen. Die Tiere redeten oft in dieser Weise zu mir.

Tatsächlich, soeben konnte ich mitverfolgen, wie kleine Knirpse ihre Eltern an der Hand zogen und mit ihnen im Schlepptau rasch vor den abgrenzenden Zaun zur hübschen Wasserlandschaft des Flamingo-

Gartens strebten, ganz gebannt vom eigenartigen Anblick der ungewöhnlich lachsrosa gefärbten, seltsamen großen Vögel.

Für das genaue Hinsehen und Achtsamsein sind Kinder noch weit zugänglicher. Viele halten ihre erwachsenen Begleiter zurück. Gemeinsam verharren sie dann und nehmen sich Zeit zum Beobachten. So fällt der Alltag mit seiner Gleichförmigkeit und Hektik automatisch ab und des Menschen Sinne werden aufnahmebereit für uns und alle hier im Zoo. Deshalb verstehen wir uns als Tor, als Eingang in die Welt der Herzenswahrnehmung. Wir laden die Menschen zu uns ein, lassen ihnen eine Zugbrücke herab, damit sie den trennenden Graben zur Tierwelt überwinden können. Und das Abenteuer kann beginnen:

Als Erstes nehmt ihr unsere Gruppe als Ganzes wahr, wie wir uns bewegen, miteinander leben – und doch Abstand halten voneinander. Wir meiden Körperkontakt und behalten unsere Eigenständigkeit. Jeder ist ein selbstständiges Individuum und muss sein eigenes Leben führen. Wir sind kleine Inseln in einem Gemeinschaftsverband. Wir brauchen einander, doch jeder steht auf seinem eigenen Platz. Diese Form der Gemeinschaft ist wichtig für uns und ist es ebenso für euch. Wir führen sie euch vor. Denn jeder Mensch sollte sein individuelles Leben führen.

Als Nächstes, wenn ihr eure Ruhe gefunden habt vor unserer Anlage und aufnahmefähig seid, vermögen wir euch im Herzen zu berühren und können mental Verbindung aufnehmen. Der Kontakt zu den Zoobesuchern findet innerlich statt, ihr seht ihn uns nicht an. Wir suchen eure Nähe nicht, halten hier ebenso Abstand. Auch dies ist hilfreich für euren Zugang zu uns, wir überfahren euch nicht. Alles läuft subtil ab, ihr spürt es nicht wissentlich. So bereiten wir euch vor für die Präsenz der anderen Zootiere. Damit ihr die Herzen auch öffnen könnt für jene in euren Augen gefährlichen oder Furcht einflößenden und gar Abscheu erregenden Wesen.

Mir war ziemlich unwohl zumute und ich hätte mich am liebsten entschuldigt für derartige Gefühle einem Tier gegenüber. Mir selber war zum Glück kein Wesen zuwider, weder Spinnen, Schlangen, noch sonstige gewöhnungsbedürftige Kreaturen. Ehe ich diese Gedanken zu Ende denken konnte, empfing ich beruhigend:

Solche negativen Regungen empfinden wir nicht auf eure Weise. Wir wissen, sie entstehen aus Unwissenheit.

Aller Art trübe Schwingungen um euch herum, die ihr aus der kopflastigen Alltagsroutine zu uns in den Zoo mitbringt, eure Verschlossenheit, wandeln wir um durch unsere Präsenz. Umso mehr freut uns, wenn sich eure Gesichter entspannen und lächeln, wenn unsere Schönheit und Einmaligkeit in euch anklingt, Respekt fordert und den Boden bereitet für die Begegnung mit den weiteren Insassen im Zoo. Bewunderung macht uns froh, denn Bewunderung entsteht aus Achtung. Dies ist es, was uns am Herzen liegt: die Besucher auf allen Ebenen für die Zootiere achtsam zu machen. Das ist unsere Aufgabe hier.

Ich stutzte, denn in diesem Moment fiel mir ein, dass ich auch schon in anderen Zoos die Flamingo-Anlagen im näheren Eingangsbereich angetroffen hatte. Fragt sich nun, ob jeweils die für solche Konzepte zuständigen Verantwortlichen etwa unwissentlich mentale Eingebungen empfangen hatten von den Tieren? Damit die Flamingos den richtigen Platz für ihre Aufgabe als so genannte Toröffner zur menschlichen Achtsamkeit und Herzenswahrnehmung einnehmen konnten? Ich will nicht spekulieren, aber seltsam mutet diese Tatsache doch an.

Immer wieder neu durfte ich Spannendes, Unbekanntes und Unerwartetes von meinen vielen freundlichen, stets gesprächsbereiten Dialogpartnern erfahren. Dazu gesellten sich jene Informationen und Empfehlungen mit sich wiederholendem identischem Inhalt, die mir in verblüffender Weise von ganz unterschiedlichen Tiergattungen unabhängig voneinander jeweils übermittelt wurden. Dies mussten wohl die brisantesten Botschaften sein. Solche wie die über das Bewusstsein einer Gemeinschaft der Schöpfung in allgegenwärtiger und umfassender Liebe. Desgleichen jene über das Thema der Energieschwingungen, ihrer Zusammenhänge und ihres Zusammenspiels, ebenso wie auch über die Kenntnis der jeweiligen Lebensaufgaben und den Willen, sie in altruistischer Weise untereinander zu erfüllen. Und vor allem über das unerschütterliche Bestreben, die menschliche Spezies aufzuklären für eine künftige Lebensgemeinschaft in Harmonie mit den Tieren und der Natur auf einer intakten Erde.

Was die Fische uns zu sagen haben

Ich öffnete das Tor zum Haus der Wassertiere und Halbdunkel empfing mich bei den Fischen. Nur die Aquarien waren beleuchtet. Sobald sich meine Augen auf das Dämmerlicht eingestellt hatten, nahm ich dessen beruhigende Wirkung wahr. Mit einem kurzen Schritt in diese fast besinnliche Atmosphäre hinein, ließ ich Hektik und Lärm vor der Türe zurück und alle Anspannung fiel von mir ab.

Das ist der Sinn der Dunkelheit!

hörte ich in meinem Inneren.

Sie schließt die äußere laute Welt aus und ihr vermögt mit dem Herzen zu hören. Nur dort findet ihr die Antworten, den wahren Sinn des Daseins, einzig so könnt ihr die Verbindung aller Wesen spüren und ihren Worten lauschen.

Es war der Dorn-Wels, ein unscheinbar bräunlich bis dunkelgrau gefärbter, großer, ruhiger Fisch, der zu mir sprach. Wer bist du? fragte ich ihn.

Ich bin ein altes geheimnisvolles Wesen. Unsere Art lebt seit Urzeiten auf dieser Erde, schon als sie noch ein anderes Antlitz zeigte. Wir tragen unendliches Wissen in uns. In meiner Seele ruht diese Weisheit, bereit aufzusteigen und mich zu leiten während der Wegstrecke meiner Existenz an diesem Ort.

Wie siehst du deine Lebensaufgabe hier?

Ich lebe hier eingesperrt auf kleinem Raum – so wie der Mensch eingesperrt ist in seiner selbst auferlegten Einsamkeit, weil er sich abgekapselt hat und verstrickt in eine egozentrische Sicht des Lebens. Seht mich an, nehmt euch Zeit. Ich führe euch als Spiegel vor, wie ihr am Ort verharrt: Zwei Schwanzschläge nach links, zwei nach rechts, zwei Schritte vor, zwei zurück, immer hin und immer her – nicht zwangsläufig äußerlich, vielmehr im Herzen tut ihr dies. Genießt eure Freiheit, Fremdes zu erkunden, zu neuen Ufern aufzubrechen auch im Geist, Abenteuer zu erfahren – zu leben! Ich bin hier gefangen, um zu zeigen, wo ihr wirklich steht. Ich beobachte euch Menschen Tag für Tag. In mancher Seele klingt Erkenntnis an. Kinder fühlen noch viel stärker. Deshalb lehnen sie sich auch oft auf gegen Vorbehalte und Regeln, die widernatürlich sind. Sie wissen instinktiv, wo die Erwachsenen Scheuklappen tragen und sich verrennen in die falsche Richtung.

Es bekümmert mich zu sehen, wie sehr sich die Menschen vom Bewusstsein der Schöpfung entfernt haben, vom Gefühl der Einheit alles Lebenden.

Wie empfindest du dein Dasein als Fisch im nassen Element?

Ich fühle mich als Teil eines mich stärkend und nährend umfangenden, mich liebevoll tragenden Wesens, dem ich mich vollkommen und vertrauensvoll hingeben darf. Unsere Verbindung ist untrennbar und wundervoll. Außerhalb würde ich sterben. Doch diese Harmonie ist ins Wanken geraten.

Meine Vorfahren kannten noch Wasser voll kräftiger, freundlicher Energie. Denn der Mensch nutzte es achtungsvoll. Heute sind die Wasser krank und geschwächt durch Schmutz und Schadstoffe, mit denen ihr sie belastet. Vergesst nicht: Das Wasser trägt unser aller Lebenskraft in sich! Vergiftet ihr es, gefährdet ihr damit eure Lebensgrundlage. Ihr tötet nicht nur uns Fische und die Erde mit all ihren Lebewesen, sondern auch euch selber. Du siehst also, wie wichtig Aufklärung ist. Schreibe das auf und trage es weiter, ein Buch kann viele Menschen erreichen. So mancher handelt unbekümmert und falsch aus Unwissenheit, weil er sich der Konsequenzen nicht vollständig bewusst ist. Denn im Grunde seines Herzens weiß jeder Mensch, dass es nicht gut sein kann, wie er mit den Wassern der Erde umspringt. Es ist noch nicht zu spät für Erkennen und Umkehr. Doch das Wasser schreit um Hilfe, hört darauf und handelt!

Bestürzt wollte ich wissen, wie wir denn zur Rettung etwas beitragen könnten oder was ich selber tun könnte.

Es ist gar nicht schwierig. So wie ihr oberflächlichen Schmutz und Müll aus dem Wasser fischen und es reinigen könnt, trägt ihr ein Mittel in euch, mit dem ihr es zu stärken vermögt: Es ist Liebe – Achtung, Respekt und Dankbarkeit für das Wasser, für das höchste Lebensgut zu eurem physischen Überleben. Liebe heilt alles, auch böse Gedanken. Denn ebenso wie physisch, verunreinigt der Mensch die Wasser mit schlechten, verletzenden Gedanken. Fällt Regen, ärgert er sich und schimpft kleinlich über nasse Schuhe und Haare. Und vergisst dabei, dass Regenwasser die Erde tränkt und ihn damit. Und wenn Natur und Wasser sich aufbäumen gegen materiellen und gedanklichen Schmutz, indem sie Sturmfluten über das Land schicken, um sich in Erinnerung zu rufen – wie reagiert der Mensch dann? Er hegt bitterböse und feindliche Gedanken, sieht das Wasser als Gegner an und kränkt es, im wahrsten Sinne des Wortes, noch mehr. Gegen all diese menschliche Verständnislosigkeit und Undankbarkeit kann jedes Geschöpf seine Aufmerksamkeit und Wertschätzung einsetzen, auch du, und dem Wesen Wasser damit Heilung zuführen. Achtet deshalb alles Wasser, mit dem ihr in Berührung kommt.

Ich stellte mir vor, ein Glas Wasser zu trinken und jeden Schluck dankbar durch die Kehle rinnen zu lassen. Ich sah mich am Bach spazieren und voll Freude seinem Gurgeln lauschen, im See schwimmen und mich von ihm wie von einem Freund tragen lassen. Ist es das, was du meinst? fragte ich den Wels.

Ja, ganz genau so einfach ist es. Auf diese Weise geht eine Form von Liebe und Heilung ins Wasser über und verbindet sich mit dessen Energie. Denn alles ist Schwingung. Genauso wie materielle Formen, ob winzig oder groß, fest und flüssig, ist auch Unsichtbares, nicht Greifbares wie Klänge und desglei-

chen Gedanken eine Schwingungsform, eine Energie die stärken oder schwächen kann.

Meine leicht gedrückte Stimmung hellte sich merklich auf. Wie tröstlich, dass demnach sogar ich, wenn auch auf sehr bescheidene Weise, meinen Beitrag zur Stärkung des geschädigten Wassers leisten konnte. Froh über die wohlwollende Unterweisung des großen Welses, war ich eben dabei aufzubrechen, als er mich schnell berichtigte und mir aufmunternd mit auf den Weg gab:

Ein solcher Beitrag ist gar nicht so bescheiden, wie du denken magst. Liebe, auch in Form von Respekt, Achtung und Dankbarkeit, ist ein mächtiger Verbündeter – nicht nur im Hinblick auf das Wasser!

*

Die bunten Farben der kleinen Anemonenfische – sie waren Vorbild für die Gestalt des „Nemo“ aus dem bekannten Trickfilm – lockten mich an und ich setzte mich im Haus der Aquarien geruhsam vor sie hin. Neugierig, was sie wohl zu sagen hätten, verband ich mich mit ihnen, und die Antwort erfolgte im gleichen Atemzug:

Seid fröhlicher, genießt jeden einzelnen Moment, das Leben ist doch so spannend und geheimnisvoll. Wir leben hier auf kleinem Raum, aber jeder Augenblick birgt unendlich viel Schönes. Wir beobachten die Menschen und können nur schwer verstehen, wieso derart viele von euch freudlos vorbei schlurfen und missmutig durchs Leben gehen. Wenn man aufmerksam und offen ist dafür und es nur will, sieht und erlebt man unbeschreiblich vieles. Die dunklen Gedanken, denen der Mensch oft nachhängt, schickt er um sich herum aus und wir empfangen sie. Solche Energieschwingungen fühlen sich unangenehm an, scheuernd und eckig oder bleischwer. Manchmal wird es mir zuviel, dann muss ich mich für eine Weile hinter schützende Steine und Pflanzen zurückziehen.

Sogleich fiel mir auf, wie eines der fröhlich orange und weiss gefärbten Fischchen besonders lebhaft und auffällig zwei Runden schwamm. Es schoss ganz nach hinten zu den Steinhaufen mit den Wasserpflanzen, verschwand dort kurz, um rasch wieder aufzutauchen und vor meinen Augen nahe der Glasscheibe lustig hin und her zu tänzeln. Aha, dies also war mein Gesprächspartner, der mir zeigte, wie und wo er jeweils Deckung suchte und sich versteckte.

> *Aber meist kann ich mich freuen,* fuhr das flinke Fischchen fort, *vor allem über Kinder. Siehst du die zwei hier, wie sie interessiert unsere Schönheit und Schwimmspiele, unseren beruhigenden harmonischen Wassertanz verfolgen?*

lenkte es meine Aufmerksamkeit auf die kleine Familie, die neben mir das fröhliche Treiben im Aquarium bewunderte. Wie auf Kommando fragten die beiden Knirpse ihre Mutter, wie die Fische unter Wasser atmen könnten und ob die Pflanzen echt seien. Die Mama klärte ihre Sprösslinge geduldig über Kiemen und Anemonen-Pflanzen auf. Mein kleiner Fisch nahm dies beifällig zur Kenntnis.

„Ist dies Nemo?" wollte der jüngere Dreikäsehoch nun wissen. „Nein, aber er gehört in dieselbe Familie." Hartnäckig bohrte der Kleine weiter und folgerte: „Ist dies etwa sein Bruder?" Ich musste innerlich schmunzeln über den Dialog, in dem die geplagte Mutter langsam ausmanövriert wurde. Sie wagte sich denn auch nicht mehr weiter aufs Glatteis der schwierigen Frage Trickfilm oder Realität und meinte: „Wer weiß. Wir können ihn eben nicht fragen." Wenn die Gute wüsste! Jedenfalls war das Thema damit abgeschlossen und die kleine Familie zog weiter. „Nemo" schien sich auch darüber zu amüsieren und griff die kleine Szene auf:

> *Wir alle hier verkörpern so viel Schönheit. Bleibt stehen, nehmt euch Zeit für unseren Anblick, genießt den Augenblick und nehmt ihn in Stille auf. Wenn ihr das tut, spürt ihr in eurer Seele auch die innere Schönheit hinter unserem Dasein, könnt unsere Gedanken und Energie ganz leicht fühlen. Solche Momente pflanzen kleine Funken von Liebe in eure Herzen und weben feine Verbindungsfäden. Kinder spüren dies noch viel deutlicher, sie ahnen unser aller Verbundensein. Je öfter ihr euch Zeit nehmt, euch auf uns einzulassen, desto stärker kann das Band zwischen uns werden. Wir sind da, um diese Verbindung*

zu ermöglichen, eine Verbindung zu uns Fischen und über uns zum gesamten Schöpfungskreis, denn alles ist eins. Deshalb leben wir hier.

Vermisst ihr nicht eure Freiheit? fragte ich den Anemonen-Fisch.

Wir haben gewählt und leben im Moment und in diesem Raum. Es ist sinnlos, zu grübeln. Wir haben viel zu tun, euch Menschen durch unsere Schönheit zu berühren, euch in die Ruhe zu führen und Bänder zwischen euch und der Gemeinschaft der Schöpfung zu knüpfen. Weilt in unserer Nähe, schaut uns Fischen zu. Unser sanftes Schwimmen im Wasser hilft euch, innerlich zur Ruhe zu kommen, eure Ängste verblassen zu lassen, die Sorgen zu vergessen. Und wenn ihr die Stille gefunden habt, können unsere Worte zu euren Herzen dringen. Manche Menschen, die nichts über telepathische Kommunikation wissen oder noch weniger davon halten, werden nachdenklich und machen sich mit einem Mal Gedanken über uns, über die Überfischung, das Wasser und seine Verschmutzung – und wissen nicht, dass wir Fische es sind, die ihnen diese Ideen einpflanzen! Erkennst du unsere erhabene Aufgabe? Deshalb sind wir im Einklang mit unserem Dasein ohne Freiheit hier.

Die Worte meines kleinen Fisch-Lehrers waren voller Bescheidenheit und Lebensfreude. Ich fühlte mich eingehüllt in seine wundervolle Energie, aus der ich mich nur zögerlich löste.

*

Ehe ich die Welt der Fische verließ, sprang mir aus Distanz der dekorative, große, blaue Doktorfisch mit seinem hohen, flachen Körper und der gelben Schwanzflosse ins Auge. Verblüfft sah ich ihn eine ganze Strecke rückwärts schwimmen. Ich trat näher hinzu und fragte ihn, ob ich richtig beobachtet hätte. Amüsiert, aber wortlos schaute er mir direkt in die Augen und begann demonstrativ rückwärts zu schwimmen, die volle Länge der Scheibe entlang. Dann fing er meinen Blick auf, verharrte einen Moment und meinte lakonisch:

Voilà! Siehst du, im Leben ist nichts unmöglich. Es findet sich immer ein Weg. Es gibt noch ein Zurück, für euch Menschen und für uns. Bleibe dabei, kläre auf. Menschen wie du, deren Herzen und Verbindungskanäle zu uns offen sind, ihr seid wichtige Wegbereiter. Teile dein Wissen mit anderen, schreibe es auf, sammle es in deinem Buch und trage es an die Öffentlichkeit. Bald!

Damit entließ er mich sozusagen und schwamm wieder seiner Wege – in gewohnter Vorwärts-Manier.

Sieh an, also wußte auch er von meinem Buchprojekt. Da offenbar tatsächlich alle Zootiere ausnahmslos darüber informiert waren, wie es kleine entsprechende Einwürfe in ihren Aussagen immer wieder zeigten, konnte kein Zweifel bestehen über die Verbundenheit des ganzen Lebenskreises auf der geistigen Ebene. Nur wir Menschen standen abseits. Vorläufig noch, wie mir immer wieder tröstlich versichert wurde.

Ich sann über die empfangenen Botschaften nach. Jede Fischgattung schien einen eigenen Fokus in Bezug auf ihre Existenz im nassen Element zu haben. Der große Wels erinnerte an die verlorene Gesundheit und Kraft des Wassers. Die lustigen, kleinen Anemonenfische machten aufmerksam auf den beruhigenden und verbindenden Einfluss ihres Daseins, ihrer farbenfrohen Präsenz mit fröhlichen Schwimmspielen und Wassertänzen. Und der Doktorfisch regte zur durchaus möglichen baldigen Umkehr des unguten Kurses an, den der Mensch mit seiner jetzigen Verhaltensweise dem Wasser wie der ganzen Umwelt gegenüber eingeschlagen hatte.

*

Heute Morgen, auf der Fahrt zum Zoo, schwammen plötzlich die Fische durch meine Gedanken. Ich fühlte mich deutlich von ihnen gerufen. In mein Zögern hinein, bei welcher Art ich mich denn nun diesmal melden und niederlassen sollte, empfing ich klar, dass mir die Gattung Fische ihre Botschaft für uns Menschen an jedem Ort übermitteln würde – ich solle wählen wo. Nun gut, ich steuerte also entschlossen das Restaurant auf dem Zoogelände an und richtete mich in einer ruhigen Ecke mit Notizheft, Stift und einer Tasse Kaffee ein.

Erwartungsvoll stimmte ich mich auf die Fische ein und war bereit, ihre Worte zu empfangen und aufzuschreiben.

Fische führen den Menschen vor Augen, welch unterschiedliche Formen und Organismen zur Natur gehören. Wir sind Vertreter der Tierwelt, funktionieren aber anders als ihr Luft- und Erdgeschöpfe. Wir haben keine für euch hörbaren Stimmen, ihr nennt uns stumm. Unser Lebensraum ist das Wasser, nicht die Luft. Auch wir atmen Sauerstoff, aber aus der flüssigen Form herausgefiltert mittels unserer Kiemen. Auf dem Trockenen sterben wir. Wir ertrinken in der Luft, wie ihr es im Wasser tut. Wir sind eins mit dem Wasser und führen ein Dasein in der Stille. Schaut uns zu, legt Hektik und Lärm ab. Lebt ganz im Moment, in der Gegenwart, so wie wir. Wir ruhen in uns, geben uns vollkommen dem Wasser hin, seinem Schutz, dem Sein in seiner Geborgenheit und Liebe. Mit unseren Schwingungen stärken wir die Gewässer, unser Fehlen risse eine grosse Lücke in den Energiehaushalt der Erde.

Unsere wichtigste Lebensaufgabe ist es zu zeigen, wie gesund euer Lebensraum ist. Notiere dies: Fische sind Gradmesser für die Verschmutzung und damit für euer Leben. Denn auch für den Menschen bedeutet dieses flüssige Element die Lebensgrundlage. Euer Körper ist voller Wasser, das ihr von außen ständig auffüllen und pflegen müsst im physiologischen Kreislauf. Wenn unser Lebensraum, die Seen, Flüsse, Meere – ob Süss- oder Salzwasser – zu stark von Gift verunreinigt und beeinträchtigt ist, gehen wir zugrunde. Beobachtet uns, wir sind die Vorhut eures Todes, unser Sterben ist letztlich auch euer Untergang. Ihr könnt viel schneller wahrnehmen, wenn euer Luftraum verschmutzt ist und euch das Atmen erschwert. Dem Wasser seht ihr es nicht so rasch und leicht an. Die Pflanzen, die darin leben, sind zäher als wir. Deshalb müssen wir Fische euch zeigen, wann die Situation lebensgefährlich wird. Wir sterben für eure Erkenntnisse. Wir schenken euch unsere Körper – auch als Nahrung. Geht achtungsvoller mit uns um, behandelt uns, wie wir es verdienen. Mit euren unnatürlichen und respektlosen Methoden, uns zu fangen, zu töten und letztlich auszurotten, stört ihr das Gleichgewicht der Natur. Und wir können unsere Aufgabe als Mahnmal für den Zustand der Gewässer auf der Erde nicht mehr ausüben. Lebt nicht gedankenlos dahin, nehmt uns Fische bewusst wahr. Achtet uns und unseren Lebensraum, schützt uns und euer Wasser. Haltet es rein, liebt und ehrt es und seid dankbar dafür, denn es ermöglicht erst eure Existenz!

Mein Kaffee war kalt geworden. Völlig vertieft in dieses denkwürdige Gespräch mit den Fischen, notierte ich in einem Zug ihre ernste Botschaft und verspürte große Hochachtung für ihr großmütiges Wesen. Denn keinen Augenblick lang während des ganzen ziemlich beschämenden Tatsachenberichtes nahm ich die geringsten Gefühle von Schuldzuweisung oder Anklage unserer Spezies gegenüber wahr. Stets schwang verzeihendes Verständnis für die menschliche Gedanken- und Rücksichtslosigkeit mit diesen aufrüttelnden Aussagen mit. Das berührte mich ganz besonders und ich nahm mir vor, den Fischen und ihrem gefährdeten Lebensraum eine deutliche Stimme zu geben in meinem Buch. Dass sie, gleich welcher Art, sozusagen lebende Messinstrumente und Signalgeber für den Zustand unserer Gewässer verkörperten, war mir bisher nicht bewusst gewesen. Und weil unser lebenswichtiges Wasser offensichtlich ganz besondere Aufmerksamkeit verlangte, wollte ich auch andere Tiere ausdrücklich zu diesem Thema befragen. Im Folgenden übermittelten mir die Seehunde, Kamele und Bisons ihre denkwürdigen Antworten.

Wie Seehunde das Wasser erleben

Eine traurige Nachricht empfing mich bei den Seehunden. Kürzlich seien zwei der Tiere nacheinander unerwartet gestorben. Vor den Bullaugen mit Sicht direkt ins Wasser hinein, suchte ich Verbindung zu den vorbei schwimmenden hübsch grau gesprenkelten Seehunden. Zwei, dann drei zeigten sich an der Scheibe und blickten mich mit ihren sanften Augen an. Schwungvoll drehten sie sich um sich selber in einer eleganten Rolle, verschwanden im ziemlich trüben Wasser, um aus der Gegenrichtung wieder heranzuschwimmen.

Darf ich fragen, weshalb eure b-eiden Mitbewohner gegangen sind? wandte ich mich an alle.

Ihre Körper sind krank geworden. Das Wasser trägt nicht mehr genügend reine kraftvolle Energie in sich, um unsere Abwehrkräfte zu stärken und um unsere Existenz im Gleichgewicht zu halten mit den immer und überall präsenten unsichtbaren Organismen, den Viren und Bakterien. So konnten unsere beiden Familienmitglieder jenem zu stark schwächenden Einfluss nicht mehr standhalten und ihr Dasein ist zu Ende gegangen. Das Gleichgewicht der Natur ist gestört im mikroskopisch Kleinen ebenso wie im Großen.

Ja, mir ist aufgefallen, wie trübe euer Wasser ist, warf ich ein.

Daran liegt es nicht, unser Wasser hier wird regelmäßig erneuert. Was du hier siehst, sind ungefährliche natürliche Verunreinigungen aus Staub- und Hautpartikelchen, Essensresten aus kleinsten Fisch-Fasern, Ausscheidungen, Algen. Trübes Wasser ist oft viel energiereicher, wenn es auf natürliche Weise zustande kommt – eben durch die Natur und Lebewesen selbst. Der Grund für die geschwächten Wasser überall auf der Erde sind die Gifte und Schadstoffe, die der Mensch so unbekümmert in die Umwelt entlässt, in die Luft und in die Gewässer. Manche sind sichtbar, doch die meisten sind es nicht. Und das ist die größte Gefahr. Eure Augen können sie nicht erkennen, die bedrohlichen Verschmutzungen in den Wassern der Erde. Öffnet die Augen eurer Herzen. Seht ihr denn nicht, dass ihr selber für euer Leben der größte Feind seid? Ihr habt das Wissen verloren, dass alles Wasser verbunden ist. Schädigt ihr es an einer bestimmten Stelle, fügt ihr damit dem gesamten Wesen Wasser, seiner Energie Schaden zu. Seid ihr euch bewusst, dass auch die menschlichen Körper Wassergefäße sind? Wenn ihr auf das Wasser um euch herum achtet, es pflegt und schätzt, sorgsam und dankbar mit ihm umgeht, dann tut ihr das gleichzeitig auch mit euch. Schenkt ihr dem Wasser Liebe und Achtung, liebt ihr damit auch euch selber. Denn alles hängt zusammen, alles ist eins.

Eifrig notierte ich diese verblüffende Logik. Mich wunderte, wie sich die Seehunde in ihren Körpern fühlen mochten, fragte nach und empfing fröhliche und dankbare Schwingungen.

Wir sind wendig und beweglich, geschmeidig und stark. Wir lieben das Geschenk der Sonne und ihrer hellen Strahlen. Sie wärmt unsere Körper und Herzen und lässt das Wasser glitzern und funkeln. Unser gesprenkeltes Kleid widerspiegelt das Spiel von Licht und Wasser. Wir sind in Harmonie miteinander.

Wie empfindest du das Leben hier? wandte ich mich an den großen Seehund, der ruhig in Rückenlage vor meinem Bullauge im Wasser dümpelte und meinen Blick einfing.

Manchmal sehne ich mich danach, die Freiheit und uneingeschränkte Abenteuer zu erleben. Dann schicke ich meine Seele auf Reisen zu meinen Artgenossen im Meer, verbinde mich mit meiner ganzen großen Familie und nehme teil an ihrem Leben, vereint mit ihren Herzen. Doch ich habe diese Aufgabe im Zoo gewählt und bin mit ihr im Einklang. Ich freue mich über die Menschen, die uns beobachten und gern haben, besonders über die Kinder, die voller Heiterkeit sind und Freude an uns zeigen. Sie sind wichtig, sie sind die künftigen Erwachsenen, die unsere Welt verändern werden.

Eigentlich hätte ich gerne gewusst, wie die Seehunde den Tod ihrer Artgenossen aufnahmen, scheute mich aber ein wenig vor der Frage. Natürlich konnte ich meine Gedanken nicht verstecken und die Antwort erfolgte denn auch blitzschnell.

Verlustgefühle und Trauer in deinem Sinn hegen wir nicht, dies sind menschliche Regungen. Unsere Seelen sind ja weiterhin verbunden auf einer anderen Ebene. Und wir verstehen den Sinn, weshalb unsere Familienmitglieder ihren Körper aufgegeben haben, ihn verlassen mussten. Es geschah als Mahnung und Anstoß für die Menschen, inne zu halten und sich Gedanken zu machen. Auf diese Weise werdet ihr wieder ein Quäntchen mehr aufgeweckt. In den Medien kursieren solche Nachrichten aus dem Zoo, die Umwelt nimmt Anteil. Viele von euch besuchen uns und lernen uns kennen. So werden wir zu vertrauten Wesen. Und wie du weißt, lässt euch das Schicksal von Bekannten und Freunden nicht gleichgültig, denn was ihr gern habt, möchtet ihr hegen und beschützen. Auf diese Weise beginnt ihr auch, Tiere und Natur zu schützen. Verstehst du jetzt, dass jeder Zeitpunkt, jeder Moment im Leben wertvoll und richtig ist? Dass selbst der Abschied unserer Freunde hier, oder Tod wie ihr es nennt, einen sinnvollen Zweck erfüllt?

Der Seehund schaute mich leise lächelnd an und meinte vielsagend:

Es ist ein Kreislauf – bald werden neue kommen.

Damit drehte er sich mit einem kraftvollen Schwanzschlag um sich selber und schwamm davon.

*

Als ich etwa 14 Tage später nochmals einen Zoobesuch unternahm und den Seehunden erneut eine Stippvisite abstattete, lüftete sich das Geheimnis jener letzten Worte: Gestern war ein Junges auf die Welt gekommen – und gerade eben, vor einer Stunde erst, ein zweites! Was für ein Erlebnis – ich durfte es in diesem Augenblick bereits lustig an den Bullaugen vorbeischwimmen sehen. Würde nicht noch das kurze Stück Nabelschnur an seinem Bäuchlein hängen, ich hätte es kaum glauben können: Geschmeidig und so selbstverständlich wie die viermal größeren, erwachsenen Tiere bewegte sich das Seehündchen im Wasser, als würde es das schon zeitlebens tun. Bereits erkannte man einen Größenunterschied verglichen mit dem auch erst 24 Stunden alten, zweiten Jungtier. Die kleinen Körper wuchsen fast beim Zusehen. Ich wagte das Experiment, mich auf die Neugeborenen einzustimmen und war gespannt, ob sie mir etwas erzählen würden über sich und die neue Erfahrung in ihrem Leben hier.

Als Erstes nahm ich eine riesige Blase von liebevollem starkem Licht wahr, von unschuldiger Neugier. Welches der beiden Jungen mit mir im Kontakt stand, vermochte ich nicht genau zu orten.

Ich bin ein Licht. Ich bin Liebe, Teil der machtvollen Liebesenergie. Ich bin Kraft und stütze den Kreis meiner Familie, meiner

Gattung. Getragen und aufgehoben in großen Wellen von Wärme und Schutz, schwimme ich im Wasser wie in flüssiger Liebe.

Ich fühlte Schwerelosigkeit, unendliches Glück, eine derart starke Emotion von Grenzenlosigkeit und Vertrauen, von Frieden, Licht und namenloser Liebe, dass ich eine versteckte Träne wegblinzeln musste.

Ich bin geboren, um neue Kraft auf die Erde zu bringen.

Wie nimmst du uns Menschen wahr? wollte ich erfahren.

Es sind mir fremde Energien von Einsamkeit, traurige Schwingungen von Kälte und Angst, die mich verwundern. Warum fühlt ihr so? Spürt ihr nicht die Liebe um euch herum? Weshalb tretet ihr unserem Kreis nicht bei? Ihr solltet euch nicht ausschließen, ihr gehört doch dazu, müsst nicht einsam sein. Alles ist eins. Ihr fürchtet euch und eure Herzen frieren nur deshalb, weil ihr euch nicht aufgehoben und beschützt, sondern eurem Leben ausgeliefert fühlt. Das ist nicht der Sinn des Daseins für die Menschen – für kein Geschöpf. Eure Existenz soll euch und dem ganzen Lebenskreis Freude bringen. Ich spüre, wie die Liebe, die alles trägt, an euch abprallt. Die Mauern um euch herum bieten aber nicht Schutz gegen eure Angst – sie sind ein Käfig. Diese bedauerliche Illusion hindert euch, am wahren Leben teilzunehmen, mit allen Wesen auf der Erde zusammen, in ewiger Verbundenheit und Liebe.

Während des ganzen Austausches war ich umfangen und eingebunden in unbeschreibliche, nicht fassbare Schwingungen aus einer Mischung von Weisheit und Heilung, überschäumender Freude und Glück, Freiheit und grenzenlosem Vertrauen, von Selbstlosigkeit – es waren dies wohl Facetten einer allumfassenden Liebe. Worte konnten solchen Energien nicht gerecht werden. Nur zögernd löste ich die Herzensverbindung zu dem wundervollen, eben erst geborenen Seehund-Wesen und entfernte mich mit Bedauern aus den Armen dieser einzigartigen wärmenden Energiewolke aus Licht und Liebe. Es war mein erstes Erlebnis mit einer so starken, gerade neu auf die Welt gekommenen Seele, und es prägt mich bis heute.

Kamele und die Mangelware Wasser

Das Thema Wasser beschäftigte mich weiterhin intensiv. Bei einem nächsten Ausflug marschierte ich zielstrebig zum Kamelgehege. Im Zoo hier lebte eine Gruppe von zweihöckrigen Trampeltieren. Der Volksmund nennt sie schlicht Kamele. Ihre Verwandten mit nur einem Höcker bezeichnet man als Dromedare. Doch beide Vertreter gehören zur Gattung der Kamele, ihre Lebensgewohnheiten sind identisch.

Gespannt, was für eine Beziehung Geschöpfe, die in so trockenen Wüstengebieten leben mussten, zum Wasser hätten und was sie uns Menschen darüber zu berichten wüssten, wandte ich mich an die kleine Familie, die einträchtig vor einem riesigen Haufen Äste stand und friedlich deren Blätter und Rinden knabberte.

Wir ehren das Wasser aus ganzem Herzen und sind dankbar für jeden Tropfen dieser kostbaren Flüssigkeit. Jeden Tautropfen, der im Wechsel zwischen der Gluthitze des Tages und der Kälte der Nacht geboren wird, nehmen wir achtsam auf. Denn jeder Einzelne spendet Leben. Wir sind genügsam und nehmen uns nur, was wir zum Leben brauchen, nichts weiter. Allein der Mensch rafft vielfach zusammen, was er nicht verbrauchen kann.

Wir müssen mit sehr wenig Wasser auskommen. Aber bedauert uns nicht, weil wir in so kargem Lebensraum daheim sind. Wir kennen zwar nicht den Überfluss und müssen lange Wege abschreiten, oft mehrtägige Wanderungen bewältigen, ehe wir auf die seltenen Wasserstellen treffen, die uns tränken. Doch das Wasser dort kommt tief aus dem Bauch der Erde. Es ist stärker und in seiner Energie konzentriert, es hält uns gesund. Ihr leidet hier keinen Wassermangel – doch dieses Wasser kränkelt und ist geschwächt. Nicht die Mengen sind maßgebend, wie gut das Wasser uns allen Gesundheit und Lebenskraft schenken kann, viel mehr seine Reinheit und Kraft ist es. Wasser bedeutet Lebenssaft für jedes Geschöpf. Es ist die Voraussetzung, dass ein Körper, sei er Mensch, Tier oder Pflanze, überhaupt funktioniert und gesund und lebendig bleibt. Jedes

Wesen muss deshalb seinem Körpergefäß eine bestimmte Menge Flüssigkeit zuführen, damit die Lebensfunktionen ungestört ablaufen können. Ohne feste Nahrung können Menschen und Tiere eine ganze Zeitlang existieren, ohne Wasser dagegen nicht. Pflegt also diesen euren wichtigsten Lebenspartner, achtet, respektiert und liebt ihn dafür, dass er euch die Existenz ermöglicht – euch und dem ganzen Planeten.

Auch dies waren bestechende Mitteilungen. Gespannt auf weitere Erkenntnisse zum Thema Wasser verließ ich die Trampeltiere, dankbar für ihren Beitrag, und steuerte einen neuen Gesprächspartner an.

Bisons im Regen

Meine nächste Station waren die beeindruckenden amerikanischen Bisons. Auch sie fragte ich, was sie mir, uns Menschen zum Thema Wasser zu sagen hätten.

Wasser ist fließende Energie. Sie reinigt von Altem, Belastendem, innerlich wie äußerlich. Wir stehen gern im Regen und lassen uns die Hitze von den Rücken schwemmen. Dankbar fühlen wir das Wasser über unsere Körper fließen, ihn reinigen und kühlen, nehmen innerlich neue Energie auf und lassen uns davon stärken. Wir tauschen uns aus mit dem Wasser, denn wir sind uns bewusst, dass es reich ist an Erfahrungen, an aufgenommenen Schwingungen durch seinen immerwährenden Kreislauf zwischen Himmel und Erde. Wasser ist Energie im Fluss und voller Geheimnisse. Der Planet, sowie ihr und wir sind abhängig davon. Die Macht und Kraft dieses flüssigen Elementes ist unendlich größer, als ihr euch ausmalen könnt.

Die Natur hat sich denn auch an diversen Orten auf der Erde ein Reservoir an Wasser in fester Form geschaffen: die Gletscher. Eis ist fließende Energie in erstarrter Form. Fließende Energie hat eine große Kraft und gewaltigen Einfluss. In den Gletschern schlummert sie, bereit für den Einsatz in Notsituationen. Dann, wenn das Gleichgewicht auf dem Planeten aus dem Ruder gerät und die Natur Alarm schlägt.

Das Bild bedrohlich schmelzender Gletscher und Polareis stand vor meinem inneren Auge und ich fragte: Ist unsere Klimaerwärmung solch ein Fall? Ich wandte mich direkt an den mächtigen Bullen, der bedächtig zur linken Seite der Bisonanlage geschritten war und ruhig dort im Schatten stehen blieb. Er war es, der mit mir in Verbindung stand.

Ja, so ist es. Das Abschmelzen der Eisreserven hat auf einer höheren Ebene die Aufgabe, fließende Energie ins Spiel zu bringen, um den stetig größer werdenden Mangel daran auszugleichen. Je mehr Wasser verdunstet und Gewässer versiegen auf unserem Planeten, desto mehr unersetzliche Wasserkraft geht verloren. Der gesamte Energiehaushalt der Erde gerät dadurch aus dem Gleichgewicht. Die Natur muss also auf ihre eisernen Reserven zurückgreifen und das Gletschereis zum Fließen bringen, um die fehlenden Wasserenergien einzuspeisen. Wie dramatisch die Konsequenzen dadurch aber für jene Geschöpfe werden, die am Nord- und Südpol leben, seht ihr, wenn auch jene Eiskappen zu drastisch abschmelzen. Und dies kann geschehen, falls der Mensch nicht einsichtig wird und seine schädigende Einwirkung auf unseren Heimatplaneten unverzüglich stoppt. Denn die Erde selbst ist ein Organismus. Sie wird sich wehren und auch diese letzten Reserven anzapfen müssen, damit sie als Lebensraum für die Geschöpfe auf ihr bestehen bleibt und nicht selber untergeht.

Ein Schreckensszenario, das letztlich unser gesamtes Leben betrifft! denke ich alarmiert.

Löse dich von dieser Vorstellung, glaube an die Umkehr. Der Mensch ist vielerorts bewusster geworden und nimmt dieses Thema immer ernster. Es ist noch nicht zu spät.

Jetzt befremdete mich aber doch noch etwas: Eis schmilzt doch einfach natürlicherweise und wird zu Wasser, wenn es Wärme ausgesetzt ist – als physikalische Reaktion, eine Änderung des Aggregatzustandes. Inwiefern ist dies denn nun eine Frage der Energien und ihrer Ausgewogenheit?

Denk daran, alles was existiert ist Energie, besteht aus Schwingung. Auf einer höheren Ebene ist Wärme eine bestimmte Schwingungsform oder Energie, Eis und Wasser sind es ebenso. Nimmt nun der Anteil der Wärmeschwingung auf dem Planeten zu stark zu, entsteht ein Ungleichgewicht in seinem Energiehaushalt. Dieses wiederum drängt zum Ausgleich, denn die Schöpfung strebt immer nach Harmonie, zur Vollkommenheit. Die Schwingung von Wasser kann diesen Mangel ausbalancieren und führt wieder zur Ausgewogenheit. Für diesen Prozess gibt die Natur Teile ihres Notvorrates an ruhender Wasserenergie frei. Dieser Kreislauf spielt sich auf einer Schwingungsebene ab, die mit unseren Sinnen nicht wahrnehmbar ist. Auf der Erde manifestiert er sich sichtbar im Abschmelzen der Eisvorräte.

Das leuchtete mir ein und ich war froh über die erhellende Unterweisung des imposanten Bisonbullen.

Du sagtest, Wasser nehme Energie auf während seiner Reise aus den Wolken in die Erde hinein und aus ihr wieder an die Oberfläche zurück, aus Grundwasser und Quellen, in Bäche, Seen und Meere hinein. Wie soll ich das verstehen? fragte ich genauer nach.

Jedes Geschöpf setzt dem Wasser seine Prägung auf, wenn es mit ihm in Berührung kommt, denn die Schwingungen vereinigen sich. Auch Bisons sind beteiligt an diesem Austausch. Wir sind sehr erdverbundene Wesen. Unsere Energie vermischt sich ebenso mit dem Wasser und gibt ihm und der Erde Kraft zurück durch den über unsere Körper in den Boden abfließenden Regen. Mit unserer Dankbarkeit für dieses reinigende, kühlende Wasser schenken wir ihm zugleich Achtung und Liebe. Der Mensch hingegen gönnt dem Wasser höchstens einen kurzen, selten dankbaren Gedanken, wenn er Durst empfindet. Zum Regenwasser hat er die Beziehung verloren. Er jammert über schlechtes Wetter und hält es mit allen Mitteln vom Körper fern. Versucht doch auch einmal, euch wie wir darunter zu stellen. Lasst es bewusst an euch herabfließen, Schmutz und mehr noch innere Gedankenschwere und Dunkelheit mit sich fortschwemmen, lasst euch reinigen und klären außen und innen – euren Körper ebenso wie eure Energie. Das ist die Arbeit und Aufgabe des Regenwassers. Freut euch darüber und dankt ihm dafür. Damit gebt ihr ihm Respekt und liebevolle Energie zurück.

Dies war ein langes intensives Gespräch gewesen und ich freute mich sehr, dass mein interessanter Dialogpartner seine Weisheit mit mir geteilt hatte.

Alle meine freundlichen und willigen tierischen Lehrer trugen mit ihren wichtigen Botschaften zum Thema Wasser sehr viel Wertvolles und Neues zu meinem Projekt bei. Ich wollte alle Informationen sammeln und später in gedruckter Form hoffentlich vielen Lesern zugänglich machen.

Auf Visite bei den Menschenaffen

Eine gewisse Scheu hatte mich bisher abgehalten, telepathischen Kontakt mit unseren nächsten Verwandten zu suchen. Gewiss, auch sie waren Tiere, aber auf eine unerklärliche Weise konnte ich die Vorstellung nicht loswerden, ich würde damit wie ein ungebetener Gast in eine fremde Familie hineinplatzen und meine Nase neugierig in deren Privatleben und ihre persönlichen Angelegenheiten stecken.

Während eines meiner Zoobesuche zeigte sich das Wetter unbeständig. Ein unerwarteter Regenguss trieb eine ganze Anzahl Besucher ins nahe Menschenaffenhaus. Auch ich hatte dort Unterschlupf gesucht und blieb zögernd bei den Gorillas stehen, unschlüssig, ob ich mich zu einem Austausch mit ihnen niederlassen sollte. Zu laut! beschloss ich mit einem Blick auf die vielen lärmenden Leute und wollte mich abwenden.

Das ist eine Ausrede, und du weißt es! vernahm ich postwendend ganz überraschend im Herzen.

Wieso flüchtest du? Weiche uns nicht aus, nur um deine Fragen im Innern zu verschließen aus Furcht vor unseren Antworten.

Ja, ich war ertappt worden, genau so war es. Die Tiere lesen in uns wie in einem offenen Buch. Sie sehen unsere Schwächen und Probleme, unsere Ängste und Fragen und sind bestrebt, uns ihre Hilfe und Unterstützung anzubieten. Wie brauchten sie bloß anzunehmen. Also gab ich mein Zaudern auf und erklärte mich genauer:

Ich bin immer ein wenig beschämt darüber, wie wir Menschen euer Familienleben so ungeniert und indiskret durch die Scheiben begaffen. Ihr seid ständig unseren Blicken preisgegeben, führt ein Dasein im Glashaus und habt keine Rückzugsmöglichkeiten, keine Privatsphäre. Und ihr seid uns Menschen doch ziemlich ähnlich, so habe ich jedenfalls das Gefühl. Außerdem seid ihr gezwungen, so zahlreich in recht beengten Verhältnissen, in diesem einzigen Raum zu leben. Ich stelle mir das sehr schwierig und belastend, ja aus meiner Sicht fast unerträglich vor.

Beachte deine Aussage: Du machst dir eine eigene Vorstellung! Damit wertest du mit dem Kopf, aus dem Verstand heraus. Aber dein Herz sagt dir ja möglicherweise etwas anderes, wenn du es nur wagst, darauf zu hören. Wie sonst kannst du denn wissen, wie wir uns tatsächlich fühlen und welche Beweggründe wir haben, so zu leben, wenn du uns nicht zu deinem Herzen sprechen lässt? Stimme dich auf unsere Gefühle ein und auf unsere Wahrheit.

Ich ließ meine Abwehrhaltung bröckeln und begann mich tiefer zu entspannen. Langsam konnte ich eine anschwellende Woge von Ruhe und Zufriedenheit, von weiser Geduld und Hingabe wahrnehmen. Und ich wusste mit einem Mal, was die Aussage meiner Gesprächspartner bedeutete: Die Gorillas erfüllten ganz einfach ihre Lebensaufgabe, und sie taten es voller Bereitschaft und Liebe, ohne Gram.

Spürst du nun, wie wenig begründet deine Angst vor unseren Antworten ist? Wir leben genau so, wie es unser Bestreben war. Wir möchten die Menschen zum Nachdenken und Mitfühlen anregen. Je unnatürlicher unsere Lebensweise auf euch wirkt, desto stärker lasst ihr euch dadurch aufrütteln. Je weniger lebenswert unsere Existenz in euren Augen für uns zu sein scheint, desto deutlichere Auswirkungen hat sie auf euer Er-

kennen. Auf diese Weise regen wir die Menschen nachhaltig zum Nachdenken und zur Einsicht an. Du siehst uns gefangen in diesem etwas beschränkten Raum. Aber alles hat zwei Seiten. Vergiss nicht, wir sind liebevoll betreut und außer der Freiheit mangelt es uns hier an nichts. Unsere Familie ist stark verbunden, wir sind zufrieden und füreinander da. Gefangenschaft kann täuschen. Denn die Freiheit unserer Brüder und Schwestern in deren Heimat verwandelt sich mehr und mehr auch zu einer Gefangenschaft, einem Eingesperrt sein in kränkelndem Umfeld und ständig bedrohtem Dasein. Unsere Spezies verliert unaufhaltsam ihre Lebensgrundlage, die Weiten einer schützenden und nährenden Natur. Der Lebensraum schrumpft, unsere Familien dort werden kleiner, manche unserer Art werden getötet oder auf Lebenszeit hinter engen Gittern eingesperrt.

Wie Recht unsere nächsten tierischen Verwandten hatten. Als Mahnmal zu dieser traurigen Wahrheit war ein angerosteter, schrecklich anzusehender Käfig im Menschenaffenhaus ausgestellt worden. Mich schauderte jedes Mal beim Vorbeigehen. Der größte männliche Gorilla – denn es war der eindrückliche Silberrücken-Mann, der so einfühlsam zu mir sprach, eben so, wie es dem überraschend sanften Wesen der Gorillas trotz ihres grimmig wirkenden Gesichtsausdrucks tatsächlich entsprach – fuhr fort:

So wie der Mensch mit Geschöpfen wie uns verfährt, mit der gleichen Brutalität, Herzlosigkeit und Gedankenlosigkeit geht er jedoch auch mit seinesgleichen um. So lange er dessen nicht gewahr wird, so lange springt er auch nicht respektvoll und demütig mit anderen Geschöpfen und der Natur um. Dem Menschen die Augen zu öffnen helfen, wie es so viele Tiere selbstlos versuchen, dafür sind wir da und leben auf diese Weise hier. Kannst du jetzt die Schönheit und den Wert hinter unserem Dasein sehen?

Ich nahm ein aufmunterndes Lächeln wahr und er spürte meine Antwort auf seine Frage: Das ungute Gefühl, das mich bis heute von einem Austausch abgehalten hatte, schwand leise und ich blieb erleichtert zurück. Voll Bewunderung für die Weisheit und Abgeklärtheit unserer nächsten tierischen Verwandten, ihr Schicksal und solche Lebensumstände uneingeschränkt anzunehmen, sagte ich den Gorillas auf Wiedersehen. Beschwingt trat ich ins Freie. Der Regen hatte inzwischen aufgehört und der Sonne Platz gemacht. Sie schien auch wieder in meinem Herzen.

*

Lautes Kreischen aus dem Gehege der Orang-Utans lockte mich rasch herbei. Eine ganze Reihe Besucher verfolgte beunruhigt das beängstigende Treiben dort. Zwei der rothaarigen Menschenaffen kämpften mit gefletschten Zähnen und Bissen miteinander, bis der Kleinere verletzt wurde und sich flüchtend auf eines der hoch oben an der Decke angebrachten Seile schwang. Erschrocken suchte ich eine mentale Verbindung zu den Streithähnen herzustellen und wollte wissen, was denn der Anlass zu ihrem verwunderlichen, selten zu beobachtenden aggressiven Verhalten wäre.

Wir spiegeln euch Menschen. Auch ihr kämpft und verbeißt euch ineinander, klammert euch verbissen und endlos an ungute Situationen und Gedanken, statt sie loszulassen und Frieden zuzulassen – im Herzen ebenso wie im Außen. So pflegt ihr nicht nur mit anderen Menschen umzuspringen, sondern auch mit euren Vorstellungen und Meinungen im Kampf mit jenen anderer. Euch erscheint körperlich verletzendes Verhalten wie dieses zwischen uns befremdlich. Genauso unverständlich ist für uns Tiere euer böswilliges Denken und Handeln untereinander. Unser Kampf hält euch den Spiegel vor. Das Schauspiel hier, unsere Rollen von Angreifer und Opfer erwachsen aus harmlosen Zwistigkeiten, kleinen Übergriffen in unserer Gesellschaftsstruktur, sie sind nicht todernst und gehen rasch vorbei. Menschen fechten jedoch kaum nur solche Streitereien aus, sie führen verbissene Kämpfe aus Gehässigkeit, um bewusst und vorsätzlich zu verletzen und zu zerstören, oft aus Hass bis zum Auslöschen ihrer Opfer. Doch das ist niemals die Lösung für eure Probleme in der Welt. Einzig die Liebe ist es, gegenseitige Achtung und Respekt. Wo solche Gefühle herrschen, gibt es keine Widersacher, sondern ein friedliches Mit- und Nebenein-

ander. Menschen wollen alles besitzen: Recht, Dinge, Raum und sogar andere Wesen. Doch im Leben wird uns alles nur geliehen für eine Zeit lang. Unser Dasein auf diesem Planeten ist ein befristetes Geschenk. So lange, bis wir unseren Körper wieder abgeben.

Der verletzte Orang-Utan hockte inzwischen bedauernswert zusammengekauert auf seinem Seil. Mich beschäftigte nun doch, wie es ihm gehen mochte. Mein Dialogpartner beruhigte mich:

Er akzeptiert seine Verletzung und überwindet sie dadurch leicht, er kennt den Grund dafür, es herrscht keine körperliche oder psychische Gefahr für ihn.

Du und die Besucher hier wundern sich über die heutige Unruhe in unserer Gruppe. Sie widerspiegelt die Unrast bei euch Menschen, innerlich wie äußerlich. Nehmt sie als Zeichen und Aufforderung, euch eurer Hektik bewusst zu werden. Löst euch davon, werdet ruhiger, dann kann sich eure Anspannung und Aufregung in Frieden wandeln und ihr sucht nicht mehr überall den Kampf, nicht im Großen und nicht im Kleinen. Frieden löst die Konflikte in euch selber und in der Umwelt.

Ich nahm mir vor, nächstes Mal beim Einkaufen nicht nervös und verärgert in der langen Schlange bei der Kasse anzustehen, sondern entspannt die Zeit zu nutzen, zu beobachten, die Menschen um mich herum wahrzunehmen und vielleicht mit einem Lächeln den einen oder anderen anzustecken und friedlich zu stimmen. Mit diesem Vorsatz verließ ich die Menschenaffen.

Im Paradies der Wasservögel

Betrieb und Lärm der unzähligen Zoobesucher, die am heutigen sonnigen Tag in Massen über die Wege schlenderten, scheuchten mich zum Ausruhen in die wunderschön gestaltete Wasserlandschaft, einem wahren Vogelparadies für verschiedenartige Enten, silbergraue Reiher und etliche Störche, die auf ihren Nesthochsitzen thronten oder gravitätisch über die Wiesen stolzierten. Im romantisch angelegten schilfgesäumten Weiher und dem Bachlauf, über den ein Holzsteg führte, tummelten sich allerlei Karpfen und kleinere Fische, zogen ruhevoll ihre Bahn oder flitzten umher und sprangen nach Insekten haschend aus dem Wasser. In dieses kleine Paradies verirrten sich selten große Ströme von Besuchern. Hier konnte ich mich in Muße der friedlichen Atmosphäre hingeben, den Fischen und Enten zuschauen, abschalten und einfach sein.

Ganz unerwartet erhielt ich das seltene Geschenk der Begegnung mit einer zauberhaft schillernden Libelle. Ich wollte gern wissen, wie es sich anfühlen mochte, in ihrem Körper zu stecken, war aber unschlüssig, ob dies eine indiskrete Frage sein könnte. Das sanfte Wesen zerstreute meine Bedenken. Es freute sich, von mir wahrgenommen zu werden und über mein Interesse an seiner Existenz.

> *Ich bin ganz verbunden mit dem Wasser, darauf eingestimmt. Es ruft mich, wo ich auch bin. In seiner Nähe fühle ich mich geborgen, ganz aufgehoben, daheim. Das Wasser schenkt mir seine Energie und stärkt mich, es ist mein Freund und Ernährer. Ich bin auch verbunden mit den kleinen Wesen, die in oder über dem Wasser leben und umherschwirren, sie geben mir Nahrung. Ich bin leicht und schwebe, bin schön und frei, gehe vollkommen auf im Sein, ich genieße, lasse mich tragen, bin.*

Die Libelle sprach in einem Tanz, ihre Worte reihten sich aneinander wie leichtfüßige Schritte zur Musik der Natur. Ich konnte ihre Einheit mit Wasser, Schilf und Wind fühlen. Ich wagte eine weitere Frage: Was ist deine Aufgabe?

> *Ich zeige den Menschen meine Schönheit, meinen Zauber. Ich führe ihnen das Wunder der Schöpfung vor Augen, bin eine Wasserfee – in diesem einzigartigen, geheimnisvollen Körper sichtbar gemacht für die Menschen. Ich zeige ihnen Leichtigkeit und Freiheit, lasse sie staunen und still werden. Mit meinem magisch glänzenden Leib und den irisierenden Flügeln führe ich ihre Blicke auf die Gewässer, über sanfte Weiher und Seen, über Bachläufe, ich lenke ihre Augen auf das Wasser als Heim für Fische, Wasserläufer und Schnecken, Krebschen und Wasserschlangen, auf das Wasser schillernd vor Leben wie meine Flügel. Lasst eure Augen und Herzen tanzen, schaut mir und meiner Welt im und über dem Wasser zu. Öffnet die Au-*

gen für das Leben im Kleinen. Richtet euren Blick auf das Wesen Wasser. Es hat euch viel zu sagen, viele wundervolle Worte, aber auch viele traurige, schwere und schmerzliche – und davon immer mehr. Hört dem Wasser zu. Denn sein Schmerz bremst auch meinen Tanz. Ich bin Teil von ihm, leide und freue mich mit ihm. Es ist nicht meine Bestimmung, traurig zu sein. Ich bin Sinnbild von Fröhlichkeit und Liebe, von Licht und Magie, ich bin eine Elfe. Gebt mir die Leichtigkeit und Freude zurück, gebt dem Wasser sein wahres Leben wieder! Ich danke dir für deine Achtsamkeit.

Das zarte Stimmchen verebbte und die Libelle schwirrte davon. Ich blieb zurück mit einem tränenden und einem lachenden Auge. Dieses wundervolle Wesen hatte meine Seele berührt. Zum einen mit ihrer sanften Heiterkeit und Leichtigkeit, ihrer Lebensfreude und Liebe, zum anderen mit der darin leise mitschwingenden Trauer über das Leiden von Wasser, Pflanzen und Tieren – und auch von einfühlsamen Menschen.

Ein Schmetterling flatterte über die Wiese und besuchte zart Blume um Blume. Selbstvergessen verfolgte ich seinen unbeschwerten Flug, als ich unvermittelt im Inneren hörte:

Ich bin ein Lächeln mit Flügeln und zaubere Heiterkeit in die Welt.

Solche unerwarteten, nicht bewusst herbei geführten Verbindungen kommen immer dann zustande, wenn man gedankenlos vor sich hin träumt. Beglückt über dieses reizende Geschenk, hoben auch meine Mundwinkel sich automatisch zu einem Lächeln.

Je tiefer der Frieden in mir wurde, desto mehr wuchs meine Aufnahmefähigkeit für die Welt um mich herum. Ich entdeckte ein fast unsichtbares Spinnennetz, das halb verborgen zwischen den Geländerlatten des Holzsteges aufgespannt war. Eine kleine Spinne kauerte am Netzrand. Ich ergriff die Gelegenheit, eine Frage an sie zu richten: Möchtest du den Menschen etwas mitteilen?

Der Mensch vergisst gern, dass jedes Ding, alles im Leben zwei Pole hat. Ihr könnt immer wählen, welche Wahrheit ihr für euch haben, wie ihr empfinden wollt – auch unseren Spinnennetzen gegenüber.

Ein Netz kann entweder auffangen, tragen und stützen. Oder man kann sich darin verstricken, es kann fesseln. Welche Ansicht ihr habt, was für einen Wert ihr ihm zubilligt, entscheidet ihr selber.

Schaut mein Netz an, auch es hat zwei Seiten. Auf der materiellen Ebene hat es die Aufgabe, mir mein Überleben zu ermöglichen. Es dient dazu, Insekten einzufangen, die meinen Körper ernähren. Dies ist nicht so brutal, wie ihr euch vorstellt. Denn jedes Wesen, das sich von meinem Netz fesseln lässt, ist einverstanden, mir als Nahrung zu dienen für meinen Fortbestand. Wir Spinnen sind wichtig für die Erde. Denn auf einer höheren Ebene spinnen wir Energienetze für die Stabilität auf unserem Planeten. Das ist die zweite Seite meines Netzes.

Kannst du mir erklären, was du damit meinst?

Alles hängt voneinander ab und ist verbunden im weiten Gefüge des Lebenskreises. Unsere Spinnfäden sind stark. So wie in unseren Netzen weben wir Verbindungen und verknüpfen, vernetzen damit auf der Schwingungsebene alle Wesen zu einem stärkeren und stabileren Gefüge. Seht nur unser Netzgespinst an, wie untrennbar die vielen elastischen Fäden miteinander verwoben sind in einem wundervollen belastbaren Gewebe. Lasst uns leben und unsere Arbeit tun auf und für die Erde.

Wie fühlst du dich als Spinne?

Wir fühlen uns alle als Teil eines Ganzen, des Spinnenbewusstseins. Wir kennen und lieben unsere Aufgabe auf der Erde. Spinnen leben individuell, fühlen sich aber miteinander verbunden, als Eines.

Was wünschst du dir von den Menschen?

Dass ihr euer Urteilen ablegt, das Verurteilen. Nur weil ihr etwas nicht kennt und versteht, solltet ihr euch nicht vorschnell eine negative Meinung bilden und destruktiv handeln. Meist zerstört ihr die Dinge und Geschöpfe, deren Sinn und Wirken ihr nicht einsehen könnt. Wie oft werden unsere Netze vorsätzlich zerrissen und Spinnen getötet. Doch alles was existiert, hat seinen Platz und seinen Wert im Schöpfungskreis.

Als hätte es das Drehbuch verlangt, flog ein Insekt in das Netz meiner Gesprächspartnerin. Nun war sie anderweitig beschäftigt und ich wandte mich lieber ab von dem Geschehen.

Plötzlich fing ein stolzer Storch meinen schweifenden Blick. Majestätisch stand er hoch auf seinem Nest und schaute gelassen weit über die Anlage und den Zoo hinweg. Ein zweiter setzte eben zum Flug an und landete auf einem anderen Aussichtspunkt. Wollten sie mir damit etwas demonstrieren? Ich fragte sie.

Sieh uns an, wir lassen uns hoch über der Erde nieder. Auch du bist einen Weg gegangen, der dich immer höher führt. Je mehr du dich von anderen Menschen entfernst, desto einsamer wirst du sein. Lass dich nicht beirren. Nur aus deiner Höhe, aus Distanz hast du den Überblick so wie wir und kannst viel mehr wahrnehmen, viel Schönes, aber auch Unbequemes. Doch nur wenn du solchen Tatsachen ins Auge schaust, kannst du etwas in Bewegung setzen und ändern, vermagst Eingefahrenem Gegensteuer zu geben.

Meinst du vielleicht damit die telepathische Kommunikation mit euch Tieren?

Richtig, vor allem davon rede ich. Du wirst bei vielen Menschen auf Unverständnis stoßen. Lass dich nicht abhalten, dies ist dein Weg. Er wird dich ungleich reicher machen – euch alle, die sich in dieses Neuland wagen. Aber verliere nicht den Boden unter den Füßen. Du siehst uns hier oft auch auf der Erde sitzen. Behalte auch diese Perspektive im Auge. Die Gesamtheit ist wichtig – der Überblick und das Detail. Nur daraus formt sich die ganze Wahrheit.

Wie zur Bekräftigung verließ der eine Storch seinen Hochsitz und flog auf eine flache Anhöhe, nicht weit von meinem Standort entfernt. Meinen Dank für diese hilfreichen Einsichten quittierte er mit einem wohlwollenden Gefühl an meine Adresse, wandte sich ab und widmete sich mit zwei, drei Schnabelstrichen seiner Federpflege.

*

Wieder einmal erschwerte ein ziemlicher Besucherandrang die ungestörte telepathische Kommunikation mit den Zootieren. Wenn man sich ganz auf eine Herzensverbindung konzentriert, blenden sich Lärm und Betrieb zwar automatisch aus, und man nimmt weder Zeit noch Ort mehr bewusst wahr. Sobald aber das Gedränge vor den Tiergehegen zu dicht wird, können unverhoffte Schubser einen doch immer wieder aus dem mentalen Austausch herausreißen. Also flüchtete ich und zog mich für eine Weile in die stille, paradiesische Oase bei den Wasservögeln zurück, in der die Zeit keine Rolle zu spielen schien. Solche ruhigen, besinnlichen Schwingungen sind Taktgeber für eine merklich langsamere Melodie, die im Herzen anklingt und unsere Sinne zu entspannen vermag. Dem Einfluss einer derart berührenden Harmonie kann sich niemand entziehen.

Der Zauber dieser kleinen verwunschenen Welt brachte mich denn auch heute rasch zur Ruhe. Einmal mehr freute ich mich über die bunte Vielfalt der Vögel. Große und kleine, im Wasser und zu Land, bevölkerten diese romantische Anlage. Die sachte im Weiher schaukelnden verschiedenartigen Enten, kleine Schiffchen, welche ohne Hektik ihre Bahn zogen, stellten die personifizierte Ruhe für mich dar. Ich bewunderte eine Stockente, die unmittelbar unter mir schwamm, nahe dem hübschen Holzsteg, auf dem ich mich niedergelassen hatte. Sie nahm meinen Blick zum Anlass, mich anzusprechen. Die wilden Zootiere taten das häufig. Sie suchten aus eigenem Antrieb einen Austausch, um mir Botschaften und Weisheiten zu übermitteln.

> *Menschen sind sich unseres Wertes und unserer Aufgabe auf der Erde nicht bewusst. Enten sind nicht nur schön, wir bringen auch eine starke und wichtige Energie auf den Planeten und verteilen sie weit herum in der Natur. In allen Elementen sind wir heimisch: im Wasser, auf dem Land und in der Luft. Wasser ist unser engster Freund. Doch wir sind auch sehr verbunden mit dem Boden, bauen dort unsere Nester und brüten den*

Nachwuchs aus. Und als starke, fähige Flieger fühlen wir uns sogar in der Luft zu Hause. Sie leitet uns über weite Strecken hinweg in wärmere Gebiete, wenn es irgendwo zu kalt wird für uns. So tragen wir die Energien aller Elemente in uns und bringen sie an jeden Ort. Denn ihr trefft uns überall an, wo Wasser in der Nähe ist.

Ja, sie hatte Recht. Wer, ob Kind oder erwachsen, ist nicht immer wieder Enten begegnet an Tümpeln, Seen, Flüssen, hat sie gefüttert und sich ergötzt an ihrer Zutraulichkeit.

Unerwartet fiel Schatten auf mein Notizheft. Wenige dunkle Wolken mitten im Himmelsblau hatten sich vor die Sonne geschoben und verhüllten sie. Ein paar Regentropfen tupften winzige Ringe in die glatte Wasseroberfläche. Dann war der Spuk auch schon wieder vorbei.

Wie fühlt sich Regen für euch an? wollte ich von meiner Gesprächspartnerin wissen.

Wassertropfen sind lauter Energiepunkte, die uns sanft kosen oder lebhaft massieren. Sie tragen viele Informationen in sich, erzählen Geschichten über ihre Verschmelzung mit dem Meer, den Wolken, mit Sonne und Wind. Diese Tropfen verbinden sich mit dem Weiher und färben neue subtile Schattierungen hinein. Über dieses Wasser, das unsere Körper trägt und umspült, nimmt unser Wesen jede Veränderung in den Schwingungen des nassen Elementes wahr. Sei es die Sonne, die ihre Kraft ausströmt und dem Wasser, auf dem wir schwimmen, blitzende Funken von Licht und Liebe schenkt, seien es Regen oder Winde, die ihm mit warmem oder kaltem Atem ihre Signatur aufprägen – alles teilt sich unserem Energieempfinden mit. Denn die immer neu sich formenden Schwingungsfacetten berühren, durchdringen und umhüllen unsere eigenen Energiekörper. Im Wasser zu leben, mit ihm verbunden zu sein ist ein unerschöpfliches Abenteuer, ein unendliches Lied, dem jeder Augenblick neue Strophen zufügt. Wir geben uns mit Inbrunst jedem Ton hin.

Das klingt unerhört spannend, ich würde eure Erlebnisse zu gern teilen können.

Ja, wir verstehen die Sprache der Energien, so wie jedes Tier. Die Menschen haben dieses Wissen vergessen, weil sie ihr Gefühl dafür schon vor langer Zeit verloren haben.

Ich ließ die faszinierenden Übermittlungen meiner Dialogpartnerin eine Weile auf mich wirken, bis ich aus den Augenwinkeln eine Bewegung wahrnahm und jene Art von Gesumm an mein Ohr drang, die bei mir sogleich Alarm auslöste. Eine Wespe schwirrte in ihrem typisch wiegenden Schaukelflug vor meiner Nase herum. Misstrauisch beäugte ich ihr schwänzelndes Hin und Her mit den abrupten unvorhersehbaren Richtungswechseln und verfolgte argwöhnisch ihre Flugbahn – denn ich leide unter einer Wespenstich-Allergie.

Entspanne dich, sie will dir nichts antun. Erkenne vielmehr ihre Schönheit und Lebensfreude, empfahl mir die Stockente beruhigend.

Nun ja, genau besehen war der Anblick ihres honiggelb und samtschwarz geringelten Leibes hübsch und ich gönnte ihr den Spaß am Leben und ihren Flugkünsten – aber bitte nicht ganz so nahe bei mir.

Prompt empfing ich einen aufschlussreichen Kommentar der Wespe, die natürlich meine Gedanken gelesen hatte:

Schau in dein Herz. Ich zeige dir auf der äußeren Ebene eine innere Schwäche, die dich unnötig blockiert. Du trägst eine tiefgründige Angst in dir, angegriffen und verletzt zu werden – nicht tätlich, vielmehr seelisch. Du fürchtest dich vor unseren Stichen in der Weise wie vor jenen verbalen, mit denen andere Menschen dich vielleicht verwunden könnten. Hör auf, dich von solchen Angriffen verunsichern und treffen zu lassen und dich ihnen wehrlos ausgeliefert zu fühlen. Das sind Erinnerungen aus deiner kindlichen Vergangenheit. Heute ist heute. Und es liegt ganz in deiner Entscheidung, ob und wie viel persönliche Reaktion du auf gefürchtete schmerzliche Einwirkungen aus deinen eigenen Reihen zulassen willst. Denk daran, Wes-

pen sind keine Menschen. Wir tragen wohl einen Stachel, aber setze ihn nicht unweigerlich dem Willen gleich, dir zu schaden oder weh zu tun. Werte ihn nicht als Waffe gegen dich. Ändere diese menschliche Einstellung, dann vergeht deine unbegründete Anspannung uns gegenüber. Und vergiss niemals: deine Seele ist unantastbar!

Mit dieser Botschaft flog das meinem inneren Frieden noch immer leicht suspekte Insekt unvermittelt davon in einem fröhlichen Tanz.

Ganz versunken in meinen überraschenden Austausch ausgerechnet mit einer Wespe, oder besser mit dem Geist der Wespenvölker, mit der Wespenenergie, hatte ich das Zeitempfinden verloren. Die Dauer meiner telepathischen Verbindung erschien mir lang und ich erwartete nicht, meine vorherige Gesprächspartnerin noch zu sehen. Doch nur wenige Meter weg dümpelte die Stockente immer noch geduldig auf dem Wasser. Sie schien etwas Wichtiges anfügen zu wollen.

Höre auf den Rat der Wespen. Die Menschen täten gut daran, Andersartigkeit nicht als Gefahr anzusehen und zur sofortigen Abwehr, notfalls mit Waffen, bereit zu sein. Öffnet euch für ein Miteinander von ungleichen Wesen, für liebevolle Akzeptanz untereinander. Erkennt die Berechtigung aller Wesen auf dem Planeten an, in Frieden ihr Dasein leben zu dürfen.

Noch ehe ich mich zu den Worten der Stockente äußern konnte, blickte mich ein Reiher in hübschem Silbergrau von der gegenüber liegenden Wiese her an und mischte sich ein:

Der Mensch bekämpft und tötet uns, weil er Angst hat, wir nähmen ihm seine Fische weg. Doch die Fische gehören ihm nicht. Kein Wesen kann ein anderes besitzen, keines ist einem anderen untertan. Die Erde ist Heim und Ernährer für alle, für jede Kreatur, ob winzig oder groß, Pflanze, Tier oder Mensch. Alles existiert neben- und miteinander und ist füreinander da.

Das klingt so einfach und ist dennoch so schwierig umzusetzen, solange wir Menschen unseren Egoismus nicht abzulegen wissen.

Vielleicht war es ja dieses Miteinander in Eintracht, das der Reiher angesprochen hatte, welches gerade hier in diesem kleinen Paradies der Wasservögel so deutlich zu spüren war? Ein friedliches, liebevolles Nebeneinander von vielerlei Vogelarten, Fischen, Insekten und Pflanzen, das sich so wohltuend übermittelte und jegliche Anspannung löste. Ich war glücklich und dankbar, fühlte mich frei und ganz dem Moment hingegeben. Diese Aura von leben und leben lassen übertrug sich auf mein Gemüt. Einen Atemzug lang war ich völlig entrückt, die Zeit stand still und enthüllte einen Hauch von Unendlichkeit.

Dies sind Inseln deiner völligen Verbindung, einer Verschmelzung mit der Schöpfung. Sie heben dich aus dem Fluss der Zeitempfindung in die allgegenwärtige Liebe.

Wessen Stimme war es wohl, die unvermittelt in meinem Herzen klang? Der Geist des Ortes? Ich wusste es nicht. Sie übermittelte weise Worte. Denn wer ein paar Momente in Muße hier verweilte, wurde unweigerlich von der Magie dieses kleinen Paradieses verzaubert und in eine veränderte Wahrnehmung entführt.

Nicht nur hier, überall in einer intakten Natur herrscht solche Harmonie, wenn wir nur genauer hinsehen – und sie denn auch schützen.

Im Revier der Tiger

Heute zog es mich als Erstes zu den größten Katzen der Welt, zu den Amur-Tigern. Immer wieder begeisterte mich die Schönheit dieser in der freien Natur dramatisch selten gewordenen Geschöpfe. Ihr Lebensraum in der russisch-chinesischen Grenzregion ist der nördlichste aller Tiger. So zeigt ihre Art auch das dichteste Fell, die längsten Brusthaare und die schönste, markanteste Fellzeichnung. Die weltweit noch lebenden, kaum dreihundert Tiger stehen gefährlich nah am Abgrund bedrohlichen Aussterbens. Was für ein tragischer Verlust, wenn solch ein einzigartiges Tier unwiederbringlich von unserem Planeten verschwinden müsste!

Fasziniert verfolgte ich, wie der eine der hier im Zoo lebenden Tiger, ein mächtiger Kater, die abwechslungsreich gestaltete Anlage durchmaß. Er schritt sein ganzes Revier ab, wanderte hin und her, am kleinen See vorüber und dem Wasserlauf entlang, erklomm kraftvoll und geschmeidig eine Anhöhe und entschwand schließlich zwischen den

Bäumen meinen Blicken. Bald jedoch tauchte er wieder auf, legte sich entspannt auf einen großen Felsen und überblickte majestätisch sein weitläufiges Reich. Ich konnte enorme Kraft und Ruhe wahrnehmen, eine weise Abgeklärtheit, als wäre er zeitlos und in Harmonie mit sich und dem Sinn des Lebens. Er strahlte große natürliche Autorität aus, gepaart mit Frieden, kein bisschen kämpferisch. Ich ließ mich gern umfangen von dieser Energie und nutzte die Zeit für eine Herzensverbindung mit ihm und der Frage, ob er eine Botschaft an uns hätte.

> *Ich bitte dich, dies in dein Buch einzuflechten – es kann nicht oft genug erwähnt werden: Öffnet Augen und Herzen für das Wunder des Lebens und für die Schönheit aller Geschöpfe. Nur wenn ihr den Wert jedes einzelnen Wesens erkennt, werdet ihr es hegen und schützen. Erst wenn ihr euch erinnert, was Respekt vor der Natur, vor der lebenden Kreatur bedeutet, könnt ihr in die Liebe zurückfinden. Einzig so geht euch der wahre Sinn und Weg des Daseins auf der Erde auf: die Verbindung in Liebe zu allen Geschöpfen der Natur. Dies ist der Weg aus dem Außen ins Innen. Denn dort, im Herzen, ruht diese Wahrheit.*

Wieder einmal flog mein Stift übers Papier, ich kam kaum nach, die Botschaften zu notieren. Wie so oft vergaß ich Ort und Zeit und überließ mich dem Fluss der Eingebungen. Sie schrieben sich wie von selber nieder.

> *Der Mensch definiert sich zu sehr über Äußerlichkeiten. Wenn ihm etwas gefällt, will er es haben, um jeden Preis. Alle Schönheit und Macht beansprucht er für sich selber. Er jagt uns mit tödlichen Waffen in einem ungleichen Kampf, um seine Stärke zu beweisen, um zu demonstrieren, dass er uns, einem so mächtigen Tier, dennoch überlegen sei. Selbstgerecht schmückt er sein Heim mit unserer Haut, den Trophäen seines Mordens. Er hüllt sich in unsere Schönheit. Dazu stellt er uns Fallen und erschießt uns und viele andere Tierarten um unserer wertvollen Felle wegen. Des Menschen Gier ist die größte Gefahr für das Gleichgewicht in der Natur. Er nimmt uns unseren Lebensraum und unser Leben. Auch ich bin schön, bin*

stark. So habe ich es mir zur Aufgabe gemacht, beizutragen zur Aufklärung des Menschen. Ich stelle hier meine Gestalt zur Schau, meine Stärke, Größe und Einzigartigkeit, meine ganze Schönheit. Zahllose Zoobesucher werden von meinem Anblick in ihrem Herzen berührt. Die Medien berichten über mich. Dadurch ist meine Anwesenheit präsent, Filme von mir und Zeitungsberichte über mein Leben hier, meine Partnerschaften und Nachkommen greifen das Schicksal unserer Gattung auf. Auf diese Weise kann ich allein durch mein Dasein hier im Zoo den Menschen bewusst machen, wie selten unsere Existenz auf der Erde geworden und wie erschreckend unsere Population innerhalb weniger Jahre geschrumpft ist. Denn Aufklärung ist zentral. Einzig Erkenntnis und Einsicht der Menschen stoppt sein vernichtendes Verhalten. Dein Buch kann eine Lawine ins Rollen bringen. Ich danke dir im Namen der Tiger und aller Tiere dafür.

Nein, es ist an uns, euch für eure Lebensaufgabe und bereitwillige Hilfe zu danken! Ich schickte ihm von Herzen Respekt und Liebe.

Inzwischen war auch der kleinere Sohn auf der Bildfläche erschienen, die Mutter konnte ich nirgends entdecken. Sie hielt sich wohl in einer Region der Tigeranlage auf, welche für die Besucher nicht einsehbar war. Er pilgerte an seinem ruhenden Vater vorbei und marschierte unternehmungslustig zum Wasserlauf hinüber. Ich verband mich mental mit dem halbwüchsigen Tigerjungen und hoffte, er würde mir etwas über sich und sein Leben hier erzählen. Das tat er denn auch unverzüglich.

Es gefällt mir hier gut, ich bin zufrieden. Wir haben ein schönes, abwechslungsreiches Revier und brauchen nie zu hungern. Dafür muss ich mich allerdings mit eingeschränktem Raum begnügen, und mein Leben verläuft in gleichmäßigen, geregelten Bahnen. Ein ruhiges Dasein und sein stilles Dahinfließen oder Überlebenskampf wie ein Fluss voller Stromschnellen und Wirbel – es gibt nichts dazwischen. Beide Schicksale sind voller Schönheit und lebenswert, jedes auf seine Art. Mir gefällt mein Dasein hier, ich bin meist im Einklang damit. Nur manchmal bricht mein Bewegungsdrang durch. Dann suche ich vergeblich nach Abenteuern und langweile mich. Oft finde ich aber Äste und Holzstücke im Wasser zum Spielen und dran herum Nagen.

Magst du Wasser gern?

Oh ja. Wenn mir warm wird, lege ich mich ins Wasserbecken hinein und schwimme und plansche mit Holzstücken darin herum. Ich liebe das Spiel im Wasser.

Und wie empfindest du uns Menschen?

Sie sind mir vertraut. Ich konnte schon ganz jung ihre Nähe kennenlernen, sie haben sich um mein Wohlergehen gekümmert. Ich liebe ihre Aufmerksamkeit. Als ich klein war, fanden sie mich putzig und lachten, wenn sie mir zuschauten. Erwachsene wurden wie Kinder und ihre Herzen gingen auf. Sie haben an meinem Leben Anteil genommen, mich aufwachsen sehen. Heute bin ich fast schon erwachsen und nun sind sie von meiner Kraft und Schönheit beeindruckt. Ich zeige mich gern. Noch bin ich nicht so mächtig und weise wie mein Vater. Ich möchte so werden wie er. Er ist mein Vorbild, äußerlich wie innerlich. Er ist wunderschön und stark, und er geht geduldig und kameradschaftlich mit mir um. Wir sind Freunde, auch wenn ab und zu jeder seiner Wege geht und sich vom anderen zurückzieht.

Hast du einen Wunsch?

Ich möchte eine Partnerin und auch einmal Vater werden, möchte Samen pflanzen – für unsere Art, damit sie nicht von der Erde verschwindet. Und für die Menschen, um ihnen drollige und fröhliche Junge vorzuführen, damit wieder viele Erwachsene zu unbeschwerten Kindern werden können und ihre Herzen für uns öffnen.

Ich fing Schwingungen von Begeisterung und jugendlichem Überschwang auf, von Lebensfreude, die unglaublich ansteckend wirkte. Ich wäre am liebsten mit ihm herumgetollt und hätte ihn knuddeln mögen. Das spürte er und lächelte mir im Herzen zu. Mit fröhlichem Dank zog ich weiter zu einem nächsten, wundervollen Abenteuer. Denn als das betrachtete ich jedes neue Gespräch von Herz zu Herz mit einem Tier im Zoo.

*

Der heutige für die Jahreszeit milde Tag war wieder einmal ideal für einen Ausflug zu den Zootieren. Vor dem Tigergehege stand eine Gruppe Besucher und suchte mit ihren Blicken angestrengt die Anlage ab. Keiner der hiesigen Insassen war zu sehen. Ich suchte Verbindung zu den Tigern, denn dazu brauchte ich sie ja nicht von Angesicht zu Angesicht vor mir zu haben. Als ich die männliche Präsenz des Katers wahrnahm, wunderte ich mich: Wo bist du?

> *Von Zeit zu Zeit ziehe ich mich zurück, aus den Augen der Menschen. Ich habe immer wieder meine persönliche Oase von Ruhe nötig, nur ich mit mir allein. Dies ist meine Natur. Ich bin im Grunde meines Wesens ein Eremit. Nicht immer, aber regelmäßig brauche ich zwischendurch das Alleinsein mit der Natur.*

Dann empfahl er mir, die Reaktion der Besucher zu beachten, da er sich ihren Blicken nicht zeigte. Ich konzentrierte mich also auf meine Umgebung. Und siehe da – die enttäuschten Besucher entfernten sich mit bedauernden Bemerkungen wie: „Schade, man kann die Tiger nirgends entdecken. Ich habe mich so darauf gefreut, sie wieder einmal zu sehen. Wenn ich schon einmal im Zoo bin…“ Dann vertiefte ich mich wieder in die mentale Verbindung zu meinem Gesprächspartner.

> *Verstehst du, was soeben passiert ist? Wenn die Menschen von Zeit zu Zeit unseren Anblick hier im Zoo vermissen, vermag in ihren Herzen Begreifen und Einsicht reifen, was es bedeuten könnte, wenn die ganze Gattung Tiger von der Erde verschwinden würde. Wenn der Mensch voll Trauer erkennen müsste, nie mehr unsere Präsenz in ihrer Einmaligkeit und Schönheit genießen und unsere Energie erleben und fühlen zu können – weil wir nirgendwo mehr existieren auf der Welt. Auch solche unspektakulären Ereignisse im Zooalltag vermögen große Wir-*

kung zu entfalten. Unser Bedürfnis nach Rückzug ist sowohl für uns als auch für euch Menschen wichtig und notwendig. So lernt ihr umdenken.

Der Tigerkater traf den Nagel auf den Kopf. Auch ich hatte mehr als einmal mit dem leisen Gefühl von Verlust einen Tiger-Beobachtungsposten vor dem Gehege unverrichteter Dinge wieder verlassen müssen, wenn die Bewohner der Anlage während meines Besuches die ganze Zeit nirgends zu erblicken waren.

Aus der Ferne verabschiedete ich mich von meinem unsichtbaren Dialogpartner und überließ ihn seiner Zweisamkeit mit der Natur.

*

Nach neueren Gepflogenheiten dürfen in manchem Zoo ab und zu gewisse andere Tierarten anstelle der eigentlichen Bewohner deren Gehege für einen Tag lang beziehen. Mit solchen Wohnungswechseln möchte man den Tieren im Sinne von Verhaltensanreicherungen spannende Erlebnisse und ein attraktives Umfeld ermöglichen. So werden auch fremde Düfte wie verschiedene Parfüms in den Käfigen versprüht oder Kotballen ausgelegt und ungewohnte neue Pflanzen und Äste als beliebte zusätzliche Beschäftigungsmöglichkeit verteilt. Damit soll den Tieren Abwechslung in die Monotonie ihres Daseins in Gefangenschaft gebracht werden.

In regelmäßigen Zeitabständen dürfen im hiesigen Zoo beispielsweise die Wölfe über einen speziellen Zugang entweder das Löwen- oder Tigergehege besuchen. Während dieser Periode bleiben die jeweiligen Insassen natürlich ausgeschlossen hinter den Kulissen.

Nachdem ich einen dieser Wohnungstausche beim Tigergehege beobachtet hatte, interessierte mich die Meinung des großen Katers dazu und ich verband mich mit seinem Herzen: Wie denkst du über das Revier-Teilen mit den Wölfen?

Wir teilen Botschaften und Erfahrungen aus. Es geht nicht nur darum, unsere Anlage neu in Beschlag zu nehmen, sobald die Besucher sie wieder verlassen haben, etwa bloß darum, gegenseitig unsere Duftmarken zu setzen und das Revier abzustecken, wie das manche Menschen meinen. Sie sehen nur die

Oberfläche. Wir haben uns vieles mitzuteilen, wir kommunizieren miteinander. Unsere beiden Arten sind ganz unterschiedlich veranlagt. Tiger sind Einzelgänger. Wir leben die meiste Zeit auf uns gestellt, auf uns konzentriert. Wir sind uns genug in unserer Verbundenheit mit der Natur. Als einsame Wanderer durchstreifen wir Wälder, Ebenen, durchschwimmen Flüsse, eins mit uns und der Landschaft. Tiger sind ein Reservoir an Kraft, Botschafter der Schönheit. Seht uns nur an, unsere wundervolle Gestalt, deren Einzigartigkeit und Größe. Die Einsamkeit ist unser Freund. Wir scheuen größere Gruppen, brauchen Freiheit. Dieses Lebensgefühl, unsere Vorstellung vom Sein, die Selbstgenügsamkeit – es ist keine Selbstbezogenheit in eurem Sinn, wir stehen in enger Verbindung mit der Natur – diese Informationen geben wir den Besuchern in unserem Revier weiter durch unsere Spuren, die Markierungen und Hinterlassenschaften unserer Körper. Solche Schwingungen sind Botschaften unseres Wesens.

Die Wölfe ihrerseits lassen uns teilhaben an deren Lebensweise: an ihrer Form von Gemeinschaftssinn, am ausgeprägten Gruppengefühl als Einheit der ganzen Familie in einem geregelten Rudel. Dieser Informationsaustausch, es ist eine Sprache der Energieschwingungen, bereichert unser beider Leben. Und den Menschen, die uns beobachten, führt es die Vielfältigkeit von Lebensweisen vor, alle in ihrer eigenen Art harmonisch. Wir teilen unser Revier gern. Es ist ein Gewinn für alle.

Einmal mehr bewunderte ich das Empfinden der Tiere, fern von egoistischen Sichtweisen. Und ich freute mich über dieses erneute Erlebnis von ausnahmsloser Bereitschaft zur Kommunikation, das ich bei all meinen Begegnungen mit den wilden Zootieren bis heute immer wieder erfahren durfte.

Im Wald der Wölfe

Nach meinem Austausch mit den Tigern und meinen neu erworbenen Erkenntnissen zu den fremden Besuchern in deren Revier, war ich gespannt zu vernehmen, wie sich die Wölfe zu ihrem Lebensgefühl äußern mochten.

Die Tiere waren in Bewegung, sie trabten unablässig in ihrer Anlage hin und her. Eine Wölfin blieb stehen, als sie mich hinter dem dichten Pflanzenbewuchs vor dem Gehege entdeckte, und schaute mir in die Augen. Offenbar war sie für ein Gespräch offen, als sie wahrnahm, dass ich mich gern mit ihr telepathisch verbinden würde.

Wie empfindest du dein Dasein hier im Zoo und dein Wolfsein?

Ich fühle mich aufgehoben in unserer Familie, getragen von einer festgefügten Gemeinschaft. Mein Körper ist kraftvoll und schnell, ich bin beweglich, auch im Geist. Zwar kann ich hier leider meine Fähigkeiten nicht ganz ausleben. Das Dasein im Zoo bietet weniger Möglichkeiten und Herausforderungen, mich zu erfahren, und ich bin eingeschränkt in der Bewegungsfreiheit, meinem Bewegungsdrang. Doch ohne Gefahr entspannt leben zu können, mich nicht um Nahrungsbeschaffung kümmern müssen, das ist im Ausgleich die angenehme Kehrseite und gefällt mir gut. Alles im Leben hat zwei Seiten.

Erfüllst du eine bestimmte Aufgabe hier?

Mit meiner Familie zusammen zeige ich den Menschen Gemeinschaft und Treue, lehre sie Zusammenhalt. Wir führen ihnen zudem vor, sich Gegebenheiten anzupassen, die nicht zu ändern sind, sie anzunehmen und das Positive auch darin zu finden. Ihr fokussiert euch viel zu sehr auf die negativen Seiten einer Situation und lasst die schöne, lebenswerte Sicht außer Acht. Denn jeder Augenblick ist wertvoll und reich an Lebenserfahrung.

Wie beschäftigst du dich tagsüber?

Ich beobachte die Welt rundum, nehme sie mit allen Sinnen wahr. Meine feine Nase nimmt unendlich viele Düfte und deren Informationen auf. Denn Gerüche erzählen Geschichten. Ich bin unablässig auf Empfang für meine Familienmitglieder. Wir haben subtile innere Antennen und sind gefühlsmäßig eng miteinander verbunden. So spüren wir gegenseitig alle Regungen, nehmen Veränderungen im Befinden und in den Bedürfnissen wahr. Wir geben uns Nähe und Vertrauen, Sicherheit. Als Rudel sind wir stark.

Wie siehst und empfindest du die Menschen?

Laut und unaufmerksam, einsam und abgegrenzt von Natur und anderen Wesen, auf sich konzentriert und selbstbezogen mit wenig Rücksicht auf die Umwelt. Menschen nehmen sich nicht die Zeit zu beobachten und achtsam zu sein, was um sie herum geschieht. Es fühlt sich an, als hätten sie vergessen, wie man lebt.

Dies alles vermittelte mir die Wölfin nicht wertend, sondern voller Mitgefühl für uns Menschen. Ich fragte sie, wie wir etwas daran ändern könnten.

Nehmt euch Zeit, werdet still und öffnet die Herzen, sucht Verbindung zu uns und der Natur. Bereits euer Wunsch, die Tiere und ihr Leben besser zu verstehen und ihre Bedürfnisse zu erkennen – schon dieser Wille bringt euch uns und damit eurem Herzen näher. Denn das Bestreben, auf andere Wesen einzugehen und ihnen zu helfen bedeutet Respekt und Liebe. Und die Liebe ist das Bindeglied zwischen allen Geschöpfen. Sie führt alles Sein in eine große Gemeinschaft.

Erfüllt von diesen berührenden Botschaften und bereichernden Einsichten wanderte ich weiter zu neuen Erlebnissen mit geneigten Gesprächspartnern. Die Zeit in den Tiergärten, in Gesellschaft der faszinierenden Wildtiere, wurde mir nie lang.

*

Kaum hatte ich den Zoo betreten, hörte ich schon von Weitem das gemeinsame Heulen der Wolfsgruppe, ihren an- und abschwellenden Gesang, der sogar zweistimmig klingen kann, wenn die Laute in ihrem Zusammenspiel harmonisch um zwei Töne in der Höhe differieren. Es war ein berückendes Konzert, ein magischer Moment, der Sänger wie Zuhörer in seinen Bann zog. Rasch eilte ich zur Wolfsanlage hinauf, doch ich kam zu spät, das Schauspiel endete. Ich konnte eben noch einen letzten Blick auf die entrückt zum Himmel gehobenen Schnauzen werfen. Meine Frage an die Wölfe war nahe liegend: Was bedeutete wohl das gemeinsame Heulen?

Unser Gesang, unsere Stimmen sind Bündelung des Wolfswesens. Wir singen unser starkes Band untereinander, die Treue zueinander, das Wissen im Herzen, „einer für alle" im Rudel zu sein. Wir singen unseren Mut, die Freude am Sein, die Dankbarkeit fürs Leben und die Gaben der Erde. Unsere Stimmen ehren Sonne, Regen und Wind, unsere schöne starke Wolfsgestalt. Wir schenken unseren Gesang aus vollem Herzen und mit aller Liebe. Dies ist unser bescheidenes Präsent für das Geschenk, uns auf der Erde als Wölfe erfahren zu dürfen und Teil ihrer Gemeinschaft zu sein.

Nach meinem sicheren Gefühl war ich mit dem Leitwolf verbunden, ich empfand seine Energie als ausgesprochen weise, stark und hingebend. Er erklärte sich weiter:

Wir stimmen ein in den Gesang der Erde. Alles klingt, Energie ist Schwingung, Ton. Eure und unsere Ohren vernehmen die meisten Töne nicht, ihr müsst mit dem Herzen hören, den Klang fühlen. Jeder Ton hat seinen Wert, seine Berechtigung, so wie jedes Wesen in der Gemeinschaft der Schöpfung wichtig ist für deren Aufrechterhaltung und Harmonie. Auch du klingst in einer besonderen Weise. Alles besteht aus Energieschwingung, materiell wahrnehmbare Körper oder Dinge, die ihr nicht sehen könnt. Alles Existierende hat irgendeine definierte Form, auch Flüssigkeiten, Gas oder kleinste Teilchen. Selbst Gedanken sind eine Schwingungsform. Es gibt kein Nichts. Alles ist präsent und schwingt. Menschen und Tiere haben hörbare Stimmen. Wenn wir sie erklingen lassen aus liebevollem Herzen, mit dankbaren freudigen Gefühlen, stärken sie den ganzen Lebenskreis mit ihren lieblichen Farben.

Ich war ein wenig verwirrt und fragte: Muss ich mir denn nun Schwingungen als Klänge oder Farben vorstellen?

Es sind Klänge in Farben. Du kennst das Wort Klangfarben. Daher kommt es. Böse Töne aus Wut und Hass beschmutzen die Schönheit der Schwingungen und speisen dunkle Misstöne ein. Und weil sie sich nicht mehr auflösen – denn nichts geht verloren – braucht es zum Ausgleich, zur Harmonie wieder mehr schöne Farbklänge. Der ganze Erdball singt und klingt in unzähligen Farben, in einer Symphonie, die sich unaufhörlich verändert, moduliert, die pulsiert, lebt, atmet. Es ist ein waberndes Gespinst aus Lichtklängen, aus Klangfarben. An Stellen von Kriegs- und Krisenherden mischen sich ganze Wolken von düsteren Misstönen hinein. Alles was existiert, hat Einfluss aufs Ganze. Eure vielen negativen Gedanken voller Neid, Hass und Ärger sind trübe und belastende Energien. Alles was Menschen tun, hat Konsequenzen – weit größere als jedes andere Lebewesen verursachen kann. Denn ihr seid die größten Schöpfer auf diesem Planeten. Durch eure Körper mit den subtil einsetzbaren Händen und Gliedmaßen, dem Vernunfthirn, das euch Bewusstsein ermöglicht, könnt ihr die Erde in großem Stil umformen und in die Natur eingreifen. Tut es auf sinnvolle Weise. Euch ist Intelligenz geschenkt. Setzt sie richtig ein, zum Wohle aller. Ihr könntet liebende, sorgende Gärtner der Erde sein statt Zerstörer. Die Zukunft des Planeten samt allen Geschöpfen darauf liegt in euren Händen und Herzen. Lasst die Liebe in euch ein, dann kann sie auch wieder hinausfließen in euer Denken und Handeln.

Der Wolfsrudelführer zeigte sich als hoch entwickeltes Wesen. Seine Ausführungen konnten eine Herausforderung für eingefahrene Vorstellungs- und Denkmuster bedeuten, waren jedoch nachvollziehbar und unsagbar interessant.

Ich hatte mir schon zu Beginn meines Experimentes vorgenommen, alle Informationen jeweils unzensiert und ohne sie zu beschönigen aufzuschreiben, so wie sie mir von den Tieren übermittelt wurden. Wenn schon, denn schon. Obwohl manche Aussage für uns unverständlich oder unbequem sein und sicherlich ungern geschluckt werden würde – vor allem, wenn der Mensch bei gewissen schonungslos offen geäußerten Tatsachen nicht sonderlich gut wegkommt. Doch ehrliches und uneingeschränktes Weitergeben ihrer Botschaften schulde ich der Tierwelt, das ist ja der Sinn der Sache. Immerhin verfügen die Tiere über so viel Größe, uns niemals zu verurteilen. Ich hoffe und zähle deshalb auf Ihr Verständnis, liebe Leser, danke.

*

Während des heutigen Ausfluges zum Zoo konnte ich einfach meine zweiflerische Stimmung nicht ablegen. Ich traute mir allerlei Aufgaben, die zu dieser Zeit vor mir lagen, nicht wirklich zu, selbst meine Fähigkeit zur Tierkommunikation nicht. So wollte ich mich um Rat an die Zootiere wenden. Ich wählte die Wölfe und befragte sie zu meinem Problem: Was kann ich unternehmen gegen meine Zweifel und Unsicherheit?

> *Sei mutig, sei beharrlich – und stelle dich hinten an. Wenn du nur an deine persönlichen Probleme denkst, nimmst du dich zu wichtig. So beschäftigst du dich automatisch mit dir und deinen negativen Gedanken, und das blockiert dich. Entspanne dich und sei einfach du selber. Lass geschehen, überlasse dich deiner inneren Führung, glaube an dich, deine Fähigkeiten und ans Gelingen und stelle dich allen Aufgaben voll Vertrauen. Nimm dich zurück, richte deinen Fokus nach außen, auf andere statt auf dich selber. Dann bist du frei, aufnahmebereit und in liebevoller Verfassung. So kannst du diese Liebe fühlen und sie weiter geben, auch an dich. Das hilft dir ebenso bei der telepathischen Kommunikation. Fühlst du dein Herz, deine Freude an der Sache? Dann bist du im Einklang mit dir und verbunden mit uns Tieren. Es ist so einfach und selbstverständlich wie das Atmen.*

Das kam kurz und bündig und sehr verständlich bei mir an, danke.

Ich war mit einer spürbar weiblichen Energie verbunden, mit einem sehr starken, differenzierten Wesen. Sie fühlte sich wie eine Wölfin mit hoher Position im Rudel an. Ich wollte gern wissen, wer sie wohl war. Ein etwas kleineres Tier mit verkrüppeltem Schwanz sprang mir in die Augen. Sie stand auf der Anhöhe im Wolfsgehege und wandte sich mir zu. Zugleich hörte ich im Innern:

Du sprichst mit mir.

Ich erlaubte mir zu fragen, wie es zum Verlust ihrer Schwanzrute gekommen wäre, ob sie mir etwas über sich erzählen möchte.

Ich war damals noch jung, es hat keinen Belang.

Wenn Tiere der Meinung sind, eine Frage sei nicht relevant, kommt es vor, dass sie nicht darauf eingehen.

Menschen hängen zu sehr an Äußerlichkeiten. Wir definieren uns durch unsere persönlichen Schwingungen. Jeder Wolf ist einzigartig – jedes Geschöpf ist es. Unsere Wesensart mit allen Stärken und Schwächen, Fähigkeiten und Eigenschaften liegt ganz offen, wir verstecken nichts, unterdrücken nichts. Jeder Wolf kann in jedem lesen. Meine Veranlagung hat mich zur Rudelführerin befähigt, auch ohne vollständigen Schwanz – trotz dieses Mangels in euren Augen. Denn ich bin als Wesen ich geblieben. Ich leite unsere Gesellschaft an zum Nutzen und Wohl des ganzen Rudels. Wölfe sind Gruppenwesen. Jeder empfindet sich als Glied einer Kette, als Teil einer zusammenhängenden Einheit. Jeder ist bestrebt, nach Kräften diese Gemeinschaft zu unterstützen und zu stärken. Was ihr Menschen als Regeln und meist als hindernd und störend für euch empfindet – weil Regeln und Vorschriften bei euch oft auch unsinnig sind – das bedeutet für uns natürliche Eingliederung in eine Gesamtheit. Jedes Mitglied der Gruppe nimmt eine bestimmte Position ein, damit das Zusammenspiel reibungslos funktionieren kann. Jeder Wolf fühlt, welcher Platz seinen Fähigkeiten entspricht und nimmt ihn bereitwillig ein. Die Organisation des Rudels folgt niemals Regeln aus Machtdenken. Mitspieler können sich entwickeln, ändern, nichts ist starr. Es stoßen neue Wölfe dazu, andere verlassen die Gemeinschaft – dann kann sich auch die Ordnung ändern, denn die Ränge ergeben sich aus den verkörperten Energien. Je höher der Platz, desto größer auch die Verantwortung für das Rudel. Meine Position als Anführerin und Leiterin der Familie erfordert Durchblick, Klarheit, Erfahrung und Gelassenheit, um in jeder Situation die bestmöglichen Entscheidungen für die Gemeinschaft treffen zu können. Mir sind diese Gaben für das Leben hier geschenkt worden. Ich nehme die Aufgabe, die hier im Zoo um einiges leichter ist, dankbar an. Du siehst, mein körperlicher Mangel hat keinen Einfluss. Ich habe meinen Platz innerhalb des Rudels auch ohne Schwanz inne. Er ist nicht nötig zur Zeichensetzung für den Rang, allein meine Energieschwingungen sind es.

Die Ausführungen der Wölfin waren aufschlussreich und sprachen für sich. Kein Wunder, sie war eine Rudelführerin.

*

Die Luft flimmerte sommerlich heiß. Ein wenig träge wanderte ich durch den Tierpark und konnte mich nicht entscheiden, wohin ich mich wenden und was ich tun sollte – einfach unbeschwert über die Wege flanieren oder mich konzentrieren auf das eine oder andere Gespräch mit einem willigen Tier. Ich pilgerte zum Wolfsgehege und stellte mich dort in den Schatten von alten hohen Bäumen. Alle Tiere ruhten und lagen verteilt in ihrem Revier. Einige dösten, zwei wandten mir gemächlich den Kopf zu und blinzelten ins grelle Mittagslicht. Entschlossen zückte ich mein Heft und fragte auf gut Glück: Möchtet ihr mir etwas zeigen oder raten?

Das Leben ist wie Tage und Nächte. Es gibt Zeiten von Betriebsamkeit und Phasen voller Ruhe. Überlass dich diesen Wellen. Lass dich mittragen von deinen Ideen und Eingebungen und dann handle mit der Freude und Begeisterung, die dir eigen sind. Aber gebe dich auch den Zeiten der Stille hin. Ruhe aus von der lebendigen Betriebsamkeit. Lass alle Anspannung fallen, sei einfach und genieße, ohne Angst und Sorgen vor dem, was noch kommen mag. Leben heißt annehmen des Augenblicks, des Jetzt-Momentes in jeder Situation. Das solltest du mehr pflegen, dich gehen lassen, ruhen im Leben und in dir selber. Dann bist du immer wieder ein reines, leeres Gefäß, das neues aufnehmen kann, andere Erfahrungen und Erkenntnisse, welche deine Seele weiterbringen und dich entwickeln. Streife deinen immerwährenden Rest von Anspannung ab, dann wirst du wirklich frei sein, voll sicherem Vertrauen ins Leben. Das geht euch Menschen alle an!

Ich nahm diese Empfehlungen gerne an und wollte versuchen, sie bewusster in mein Leben zu integrieren.

Mit einem letzten liebevollen Blick über das friedlich dösende, harmonische Rudel der schönen Wölfe packte ich Notizheft und Stift für heute weg, fuhr heim und machte ihren weisen Rat wahr: Ich wechselte von Betriebsamkeit in eine Ruhephase über und setzte mich gemütlich in die Abendsonne.

Aus der Sicht der Giraffen

Heute wünschte ich mir eine Begegnung mit den Giraffen, diesen gravitätisch ihrer Wege schreitenden, außergewöhnlichen Tiere, und marschierte schnurstracks zum nahen Gehege.

Möchtet ihr mir etwas über euch erzählen? Habt ihr eine Botschaft an mich und die Menschen? Ich empfing eine freundliche, ruhige und ausgeglichene Energie:

Giraffen stellen Antennen für den Planeten dar. Wir sind verbunden mit den höheren Energien, bündeln sie und leiten sie hinab zur Erde, mit der wir fest verankert sind. Und sie wiederum schenkt uns ihre Kraft. Durch unseren Körper mit den langen Beinen und dem überlangen Hals pulsieren beide Energien, jene aus dem Universum und die von Mutter Erde. In einer harmonischen Verschmelzung, einem stärkenden Kreislauf strömen diese Kräfte durch unsere Gestalt hinauf und hinab, erfüllen uns und verleihen uns Ausgeglichenheit.

Giraffen sind genügsam und ruhevoll, wir erregen uns nicht so rasch wie ihr. Wir stehen über den Dingen. Doch phlegmatisch sind wir nicht, sondern abenteuerlustig, lebensfroh und gehen mit offenen Augen durch unser Dasein. Wir stehen fest auf der Erde und sicher im Leben, können gut für uns selber einstehen und wenn nötig auch wehrhaft sein, trotz unserer sanften, friedlichen Natur.

Wir zeigen den Menschen, die Köpfe hoch zu tragen und trotzdem bescheiden zu bleiben, wir führen ihnen vor, dankbar und mit Freude die Gaben der Schöpfung anzunehmen. Unsere hohe Gestalt soll euch gemahnen, die großen Zusammenhänge zu beachten und nicht kleinlich zu denken und zu handeln. Erst wenn ihr über die nahe liegenden Dinge hinausblickt, seht ihr die Großartigkeit des Seins, den Frieden und die selbstlose Liebe um euch herum. Dann erkennt ihr, wie sehr verbunden alle Existenz ist und könnt erahnen, dass letztlich alles eins ist. So wie unser aller Organismus, der aus unendlich vielen verschiedenen Zellen besteht, die sich zusammenfügen zu Organen und Gliedmaßen und eine einzige lebende Einheit bilden, genauso ist unsere Erde mit den riesigen Körpern von Planeten, Sternen und Sonnen, dem unendlichen Weltall verbunden. Auf diese Weise hängen selbst die winzigsten Bauteilchen allen Lebens mit den allergrößten zusammen und bilden miteinander die Unfassbarkeit des großen Ganzen.

Die Giraffe trat näher, hielt ihren biegsamen Hals ein wenig tiefer und wandte mir ihr Gesicht entgegen. Mit sanften, großen Augen schaute sie mich ruhig an und ich fühlte mich liebevoll angenommen. Ich verharrte einen Moment, gefesselt von ihrem tiefen Blick, ehe ich fragte, wie sie über die Menschen dachte, die sie hier besuchten.

Uns fällt auf, wie rasch und leicht viele Erwachsene erschrecken, sobald wir unseren Hals und den Kopf auf ihre Augenhöhe herabsenken, um ihnen näher zu kommen. Diese Reaktion entspringt einer latenten Furcht vor Fremdem, Ungewohntem, das für viele Menschen unweigerlich mit Gefahr einhergeht.

Ich wollte gern wissen, woher das wohl kommen mochte und vernahm im Innern:

Weil der Mensch den Zugang zur Schwingungswahrnehmung aller Wesen und der Welt um sich herum vor langer Zeit verschlossen hat, kann er nicht mehr erfühlen, wie wenig feindlich andere Geschöpfe wie wir ihm gesinnt sind, sondern voll liebevoller Freundschaft. Schauen wir ihm dann in die Augen und lassen unsere Energie in seine Seele fließen, beru-

higt er sich rasch und freut sich über diese äußere und ebenso friedvolle innere Begegnung, welche er bewusst nicht erkennt, aber im Herzen fühlen kann.

Kinder reagieren noch offener, furchtloser und empfinden uns spontan einfach als neue Freunde, die sich ihnen zuwenden. Für sie ist körperliches Anderssein, die ungewohnte Gestalt eines Wesens zweitrangig. So begegnen die Kinder auch anderen Spielkameraden mit körperlichen Gebrechen ganz natürlich, denn sie spüren unbewusst dahinter die Vollkommenheit jeder Seele.

Einmal mehr wunderte ich mich, wie oft das Thema Schwingungen doch immer wieder in irgendeiner Form an mich herangetragen wurde bei meinen zahlreichen telepathischen Kommunikationen mit den Wildtieren.

Das geschieht, weil es unendlich wichtig ist. Und weil du als gefühlsbetontes Wesen sowie auch geistig offen dafür bist. So kannst du dieses Wissen weiter tragen. Denn es ist eine zentrale Botschaft an die Menschen, damit sie damit umgehen lernen: zunächst in ihren Köpfen und dann mit dem Herzen. Schritt um Schritt kann diese Erkenntnis sie wieder zur verlorenen Verbundenheit mit dem ganzen Lebenskreis führen.

Tiere schneiden immer jene Themen an, die dir entsprechen und deine unausgesprochenen Fragen, das momentane Interesse befriedigen. Wir spüren, dass dich insgeheim meist andere Dinge, so wie die größeren Zusammenhänge im Leben, weit mehr bewegen als beispielsweise die Frage nach unseren Nahrungsgewohnheiten im Zoo.

Da hatte die Giraffe zwar Recht. Aber natürlich wollte ich nun auch noch rasch etwas über dieses Thema von ihr erfahren. Sogleich ging sie auf mich ein – mit einem spürbaren Schmunzeln über meine offenbar voraussehbare Reaktion auf ihre Bemerkungen. Tiere haben viel Humor, das war mir inzwischen schon öfter aufgefallen.

Unsere Betreuer hängen Heuhaufen und frische Pflanzen weit über dem Boden an die Baumstämme in unserem Gehege oder auf hoch liegende Gebäudesimse und Stangen im Stall. Es wäre beschwerlich, mit unseren langen Hälsen das Futter vom Boden aufnehmen zu müssen. Das tun wir auch in der Wildnis nicht, dort spenden uns hohe Bäume die Nahrung.

Ich sah das Bild einer ziemlich kargen Landschaft vor mir und dachte insgeheim bedauernd, wie schwierig sich doch die Nahrungssuche für all die verschiedenen dort lebenden Tiere gestalten musste.

Selbst wenn zahlreiche, sich vegetarisch ernährende Tiere gemeinsam in einer bestimmten Gegend leben, kommen sie sich bei der Futtersuche nicht sehr in die Quere. Jede Art hat ihrer Gattung entsprechend abweichende Nahrungsgewohnheiten. Giraffen müssen hoch liegendes Blattwerk an großen Bäumen essen können. Dort reichen die meisten Tiere nicht heran. Viele ernähren sich von niedriger wachsenden Pflanzen und wieder andere nur von Gräsern. Auf diese Weise können wir alle nebeneinander existieren.

So fand ich mich postwendend auch darüber aufgeklärt.

Mit diesen entgegenkommenden Ausführungen und interessanten, wichtigen Botschaften der freundlichen Giraffe im Herzen wie in meinem Notizheft, zog ich dankbar und beschwingt weiter zu einem nächsten Dialogpartner.

Auf der Spur der Bären

Ich stand bewundernd vor der hiesigen, großzügigen Bärenanlage. Gemächlich wanderten die Bewohner in ihrem weitläufigen, wunderschön gestalteten Revier umher. Ein imposanter, künstlicher Wasserfall, der sich in einen langen Bachlauf ergoss und schließlich in eine hübsche Seelandschaft mündete, so wie riesige Kletterbäume mit Ausguck-Plattformen boten den Bären viel Abwechslung. Unter wild wucherndem Gebüsch leuchtete mir eine Orange entgegen. Um die Tierhaltung in Gefangenschaft interessanter und artgerechter zu gestalten, animierte man, so wie viele Zootiere heutzutage, auch diese Bären zu mehr Aktivität, indem ihr Futter an immer neuen und ungewohnten Plätzen in der Anlage ausgelegt wurde.

Mich interessierte, wie sie zu ihrer Nahrungsbeschaffung hier stünden. Ich stimmte mich mental auf sie ein und fragte, ob sie sich dazu äußern wollten.

Wir spielen Futtersuchen. Unsere Betreuer verstecken die Nahrungsmittel über das ganze große Revier verteilt, damit wir uns nicht langweilen in unserem Dasein hier. Sie denken sich, es würde eine Herausforderung für uns darstellen, unser Essen aufzuspüren, um es auf ähnlich mühselige Weise beschaffen und erringen zu müssen wie in freier Wildbahn. Doch für uns bleiben solche Aktionen ein bloßes, wenn auch höchst amüsantes Spiel. Wir wissen, es hat mit dem realen Leben wenig gemein, denn uns ist bewusst, dass wir niemals wirklich Hunger leiden müssen hier, wir werden regelmäßig mit Früchten, Gemüse und Proteinen versorgt.

Ich fing ein amüsiertes Lächeln auf.

Wir verstehen uns als Spielpartner unserer Betreuer. Sie sind mit Eifer dabei, Verstecke für unsere Nahrung auszutüfteln, und wir spielen gerne mit. Wir spüren, es liegt ihnen am Herzen, dass wir uns wohl fühlen, und dafür sind wir sehr dankbar. Die Freude, die sie an ihrem selbst erdachten Futterspiel empfinden, vermittelt gute Schwingungen, die in unsere Nahrungsmittel übergehen und ihnen damit energetisch höheren Wert verleihen. Wir genießen die kleinen Abenteuer des Essensuchens und gehen gern auf diese Rituale ein. Bären sind verspielte Wesen, lasst euch nicht durch unsere kraftvolle Erscheinung täuschen. Wir geben uns mit Begeisterung vergnüglichen Beschäftigungen wie diesen hin. Und wir zeigen damit unseren Pflegern auch ein wenig Dankbarkeit für ihren unermüdlichen Einsatz zu unserem Wohl.

Ist euer Leben im Zoo ausgefüllt?

Ja, es ist befriedigend. Wir verstehen es, aus allem hier ein fröhliches Spiel zu kreieren. Das müssten die Menschen auch viel öfter tun. Sie sollten verspielter und neugieriger auf das Leben sein. Das ganze Dasein ist ein großes Spielfeld voller

Überraschungen, ein unablässiges Abenteuer, das immer neue Erfahrungen und unerwartete Entdeckungen heran führt. Wer es nur will, vermag in allen Dingen und an jedem Ort ein Erlebnis zu finden.

Wie gelingt euch das hier im Zoo?

Wir vergnügen uns gern im Wasser, schwimmen und planschen darin herum, schlagen kräftig hinein und beobachten, wie hoch die Wassergischt aufspritzt.

So wie Kinder es taten, wurde mir bewusst, wenn sie mit ihren Händen aufs Wasser patschten. Kinder waren noch so neugierig und entdeckerfreudig, wie die Bären uns aufforderten zu sein.

Beim Wasserfall weilen wir gern in der Nähe der kühlenden, feinen Sprühnebel und laden uns auf mit der Energie seiner herabstürzenden Fluten. Wir klettern hoch in die Bäume, lassen ein wenig Erdenschwere zurück und erproben unsere Kraft und Körperbeherrschung. Das lieben wir, unsere Stärke und Fähigkeiten immer wieder zu erfahren.

Kämpft ihr untereinander?

Wieso sollten wir? Wir sind eine fest gefügte Gemeinschaft, geschützt hier im Zoo. Wir haben keine Veranlassung, Reviere zu verteidigen oder uns um Nahrung zu schlagen. Hier besteht kein Wettbewerb für die Partnersuche. Wir sind eine Familie. Auch bei der Futterbeschaffung stehen wir nicht in Konkurrenz. Es ist für alle genügend da. Wir führen ein geregeltes Dasein in einem großen, abwechslungsreichen Lebensraum. Einzig weite Wanderungen ausführen und auf Entdeckung ausgehen können wir hier nicht. Das haben wir mit der Aufgabe unserer Freiheit eingebüßt im Austausch mit einer sorglosen Existenz.

Leidet ihr darunter?

Ach woher. Auch ihr könnt niemals alles haben. Wichtig ist nur, in jedem Seinszustand die positive Seite zu erkennen und zu schätzen. Denn es existiert nichts, das nicht zwei Pole hätte. Wir haben ein Leben in eurer Nähe gewählt und sind zufrieden so. Du weißt doch, dass jedes Geschöpf eine Lebensaufgabe erfüllt während seiner Existenz auf der Erde, für die es sich auf der geistigen Ebene entschlossen hat. Aus diesen Vorgaben heraus läuft dann unser Schicksal ab. Tiere, die sich in Menschennähe erfahren möchten und eine Botschaft an euch haben, lassen sich beispielsweise einfangen. Oder in Gefangenschaft geborene Jungtiere bleiben am Leben und werden selbst unter misslichen Umständen groß. Wir sind in Zoos auf die Welt gekommen und haben hier ein sehr schönes und gefahrenloses Zuhause beziehen dürfen. Wie sollten wir da nicht froh und zufrieden sein?

Die heiteren und friedlichen Schwingungen, welche die Bären mir zum Abschied übermittelten, bestätigten ihre Aussagen deutlich.

*

Nachdem ich entsetzt einen Aufruf zur Befreiung von gefangen gehaltenen Tanzbären in schrecklicher Verfassung gelesen hatte, nahm ich die erste sich mir bietende Gelegenheit wahr, zum Zoo zu fahren und die Bären darauf anzusprechen. Ziemlich aufgelöst fragte ich sie:

Wisst ihr von diesem unbeschreiblichen Trauerspiel um die geschundenen Verwandten eurer Spezies?

Ja, wir stehen in Verbindung mit allen Geschöpfen des Bärenwesens.

Das muss fürchterlich für euch sein, deren Pein mit anzusehen, mitzuerleben, welch unwürdiges trostloses Dasein an kurzer Leine, mit Maulkorb und schmerzhaftem Nasenring sie bis ans traurige Ende ihrer Tage fristen müssen! ereiferte ich mich jammernd.

Wir spüren dein Mitleid, deinen Schmerz – lass ab davon, du hilfst damit weder ihnen noch dir. Mitleid ist die falsche Emotion. Mache die Erfahrungen anderer Geschöpfe nicht zu deinen, nimm sie nicht in deine Gefühlswelt hinein, denn sie gehören nicht in dein Leben, sondern sind Erfahrungsmomente von deren Dasein. Leide nicht anstelle anderer. Mitgefühl bedeutet nicht Mitleid. Mitfühlend sein heißt, sich mit dem Herzen in die Lage eines anderen Wesens zu versetzen und entsteht aus Re-

spekt und Achtung für dieses. Es bedeutet, statt gleichgültig und hartherzig sein, ein Mitgeschöpf wahrzunehmen und sich in es hineinfühlen können, ihm nach Möglichkeit Hilfe zu leisten – jedoch niemals, mit ihm zusammen mit-leiden zu wollen oder gar zu sollen.

Wir sehen die Not unserer Brüder und Schwestern. Doch es gelingt ihnen, ihr Schicksal anzunehmen und deshalb können sie es ertragen. Daneben erkennen wir aber auch die Beweggründe jener Menschen, andere Wesen wie einen starken Bären in Ketten zu legen und zu unterjochen. Ein solcher Mensch handelt gedankenlos. Er kann sich nicht in andere Geschöpfe hineinversetzen und sich einfühlen in deren Schmerz, den er ihnen durch sein Verhalten körperlich und seelisch zufügt. Denn er spürt nicht die Seele anderer, am wenigstens die einer nichtmenschlichen Kreatur. Und hier geht es nicht mehr nur um Tanzbären-Halter. Es sind all jene Menschen, die sich so weit von der Verbindung zum liebevollen Schöpfungskreis entfernt haben, dass sie kaum mehr Achtung und Liebe im Herzen tragen, weder für andere noch für sich selber. Das macht sie unendlich allein und unsicher, selbst wenn sie gegen außen hin stark und laut auftreten und sich aggressiv zeigen. Respekt und Anteilnahme haben sie verlernt. Sie können sich einzig noch durch Macht definieren. Solche Menschen erkaufen sich ihre Sicherheit im Leben und das Gefühl für sich selber nur noch mittels Beherrschung Schwächerer oder damit, über Stärkere zu triumphieren, indem sie sich diese gefügig machen und ihren Widerstand mit Quälerei brechen. Dadurch, dass sie andere Wesen erniedrigen, erfahren sie sich selber als größer. Aber wir nehmen wahr, wie klein diese Menschen im Innern sind, ängstlich und hilflos dem Leben gegenüber. Wir können sehen, dass sie in Not sind, denn sie haben die Liebe verloren.

Ich nahm von den Bären eine besondere Art von Verständnis und Mitgefühl wahr, die ich, wenn ich an das leidvolle Schicksal von Tieren wie diese Tanzbären dachte, nicht ganz bereit war zu teilen. Mein

Kopf konnte das Problem zwar einigermaßen nachvollziehen, aber mein Herz begriff es nicht wirklich.

Du wertest, hörte ich im Inneren, *aber wir verstehen auch dich und das Empfinden deines emotionalen Naturells. Versuche in deinem Herzen die wahren Zusammenhänge zu sehen.*

Ach, es war ein Kreuz. In der Theorie klangen viele Dinge und Situationen ganz plausibel und einfach, doch die praktische Umsetzung stand auf einem anderen Blatt. Aber wo bitte liegt denn irgendein Sinn im Leben dieser erbarmungswürdigen Tanzbären? lehnte ich mich noch immer ein wenig auf gegen dieses Hinnehmen und verfolgte mein Thema hartnäckig.

Beruhige dich, wir erklären es dir. Die Aufgabe dieser Bären ist es, vor Publikum eine Fertigkeit vorzuführen, ihre Tanzkünste. Viele Zuschauer, Kinder und Erwachsene, sehen nicht hinter die Kulissen und erkennen die Tragik nicht, sondern freuen sich ganz unschuldig an den Kunststücken der Tiere. Ihre Freude erzeugt positive Energien, welche die Tanzbären berühren und sie stärken und heilen. Sie fühlen sich bewundert und geachtet für ihr Können und das mildert die traurigen, unwürdigen Lebensumstände und ihre Schmerzen. Es gibt ihrem Dasein einen Wert. Sie erhalten ein bisschen Würde zurück. Die Freude der Menschen bedeutet Respekt und Respekt ist auch eine Form von Liebe. Mit ihren Darbietungen bereiten die Tanzbären den Menschen Vergnügen, sie verbreiten Frohsinn und Lebenslust. Dadurch generieren sie liebevolle Schwingungen, welche wiederum an die gesamte Natur übergehen und die Energie auf unserem Planeten verschönern können. Siehst du, selbst das schwierige Dasein der Tanzbären ist doch sinnvoller als du denkst. Alles Leben hat einen Sinn.

Wie froh ich war um diese positiv gefärbten Antworten. Sie vermochten meine hochgehenden Emotionen ein wenig zu besänftigen.

*

Ich stand inmitten einer Traube von Besuchern vor der Bärenanlage, einer vorbildlich angelegten ausgedehnten Naturlandschaft mit Wasser, hohen Bäumen und vielen Sträuchern, hinter die sich die Bewohner, es waren Brillenbären, vor den Augen der Zoobesucher auch einmal zurückziehen konnten.

Die seltene Art dieser schwarzbraunen, südamerikanischen Brillenbären gilt als sehr gefährdet. Sie verdanken ihren Namen der markanten hellen Zeichnung um ihre Augen, die an eine Brille erinnern kann.

Sämtliche Zuschauer starrten gebannt einen hohen Baum hinauf. Ein wenige Monate altes putziges Bärenjunges war Publikumsmagnet. Es kletterte abenteuerlustig an dem Stamm hinauf und hinunter, wagte sich unternehmungslustig und angstfrei bis zu den dort angebrachten Hochsitzen in Schwindel erregender Höhe hinauf, um dann noch ziemlich tollpatschig kletternd erneut den Rückweg zu Boden in Angriff zu nehmen. Wenn immer der kleine Knirps in gefährliche Lage geriet und verloren hoch oben am Stamm hing, unschlüssig, wie weiter und dann plötzlich ein Stück abrutschte, um im letzten Augenblick doch noch sicheren Halt zu finden, hielten die Zuschauer voll Schreck vor einem Absturz den Atem an oder schrien leise auf. Die Bärenmutter beobachtete seelenruhig das Treiben ihres in einsamer Höhe mit den noch ungeübten Kletterkünsten kämpfenden Sprösslings. Ich wandte mich mit der Frage an sie, ob sie sich zu dieser Situation äußern mochte.

Kinder können eure Lehrer sein, denn sie sind noch spontan, unverbildet und vertrauensvoll. Sie sind wichtig für die Zukunft eurer Spezies und der Erde. Zeigt ihnen die Welt, geleitet sie in die Natur, zu den Tieren. Lasst sie sehen und erkunden, führt sie – aber führt sie weise und an langer Leine. Eure Kinder haben noch offene Herzen, sie nehmen mit der Seele wahr, sie erahnen die Wahrheit über das Leben, über den Zustand der Welt, den Sinn des Daseins. Sie werden euch aus der Abgrenzung und Einsamkeit zurückführen in die Verbundenheit mit allem. Drückt ihnen nicht euren Stempel auf, übergebt sie vertrauensvoll dem Leben, lasst sie ihre Erfahrungen machen, Erkenntnisse und Wahrheiten finden. Leitet sie, aber tut es liebevoll und mit langem Arm. Beobachtet sie und lernt auch von ihnen, denn sie können euch mehr lehren, als ihr denkt.

Wenn ihr mein Kind klettern seht bis in die höchsten Baumspitzen, haben viele von euch Angst. Vertraut mehr, ihr werdet alle geführt, wenn ihr offen bleibt. Hört auf eure Intuition, sie zeigt euch den richtigen Weg. So wie mein Sohn das Wagnis seiner Kletterpartien annimmt und sie heil übersteht, genauso sollt auch ihr euch ohne Angst mit euren eigenen Kletterpartien ins Leben hineinwagen. Nur so könnt ihr seine wahren Schönheiten und Geheimnisse entdecken.

Die Antwort der Bärenmutter war eindringlich. Und es waren wahre Worte. Nachdenklich ließ ich die Szene mit dem vertrauensvoll und unermüdlich übenden und lernenden Bärenjungen eine Weile noch auf mich wirken, dann empfahl ich mich mit etwas revidierter Ansicht des Schauspiels aus den dicht gedrängten Besucherreihen.

*

Während meines heutigen Streifzugs durch den Zoo traf ich lauter schlafende Tiere an. Die rundum entspannte Atmosphäre war spürbar und übertrug sich auf mich. So legte ich ein paar momentane Sorgen für eine Weile auf Eis. Gemächlich schlenderte ich zum Bärengehege. Auch dort konnte ich nur einen schwarzen Schatten in der weit entfernten Felshöhle entdecken. Gleichwohl verband ich mich mental mit dem Insassen und sprach ihn an. Möchtest du schlafen oder hast du ein wenig Zeit für mich?

Ich kann beides miteinander tun. Mein Körper ruht, doch mein Geist ist zu jedem Zeitpunkt in Verbindung mit allem. Ruhe bedeutet nicht völliger Stillstand. In der Ruhe des Körpers kann die Seele aktiv werden, vermögen auch deine Sinne, dein Herz die Schöpfung hören und ihre Stimmen wahrnehmen. Das Außen wird still, das Innen laut.

In letzter Zeit war in meinem Umfeld allerlei drunter und drüber gegangen. Ich fühlte mich ein wenig überfahren und wusste nicht, wie ich alles bewältigen sollte. Der Bär konnte meine Gemütslage im tiefen Innern natürlich sogleich lesen, obwohl ich äußerlich im Zoo ein wenig Entspannung gefunden hatte. Er äußerte sich ungefragt dazu. Die Tiere sind stets bestrebt, uns zu helfen.

Das Leben bringt immer wieder Unvorhergesehenes, unerwartete Situationen und Aufgaben. Nichts ist beständig, alles ist im Fluss. Entscheide dich, auch die positiven Seiten in deinen Erlebnissen zu entdecken, denn jede Situation hat zwei Pole. Dann wirst du niemals verzagen. Jedes Wesen ist eine Welle im Lebensfluss. Wehre dich nicht dagegen, lehne dich nicht auf. Übergib dich ganz diesem Fluss und lass dich vertrauensvoll treiben, er führt dich um Steine herum und an Hindernissen vorbei. Sie sind keine Störung, sondern bereichern seinen Lauf, so wie es Hürden in deinem Leben tun, denn sie bescheren dir Erlebnisse und Erfahrung.

Kämpfe nicht dagegen an, lass dich einfach treiben und mittragen in seichteres Gewässer, in eine Zeit der Ruhe und Stille.

Der Bär schickte mir warme, kraftvolle Schwingungen, beschützend und fast mütterlich.

Lebensangst lagert sich wie eine einengende Kruste um euch Menschen ab, befreit euch davon. Vergesst nicht, Wellen bestehen immer aus Wellenbergen und Wellentälern und bilden so euren Lebensfluss. Habt keine Furcht davor, denn dieser Strom bleibt nie stehen, er führt euch unaufhaltsam voran, ihr seid darin aufgehoben. Wehrt euch nicht gegen sein Fließen. Hält euch nirgendwo fest, klammert euch nicht an Dinge oder Lebewesen. Lasst los und befreit euch damit selber. Leben ist stetige Veränderung. Jeder Augenblick bringt Neues und ist für sich ein Tropfen Lebenszeit im großen Fluss des Daseins voller Wunder.

Die Botschaft des Bären war bestechend. Tiere können wunderbare Berater sein. Für heute schloss ich mein Notizheft und sinnierte über das Gehörte bei einer Tasse Kaffee nach.

Im Reich der Eisbären

Lautes Wasserplatschen klang vom Eisbären-Gehege her. Ich mischte mich eilig unter die kleine Besuchergruppe dort, denn ich wusste, jetzt waren Tauchdarbietungen angesagt. Eisbären genießen die Aufmerksamkeit, sie produzieren sich gern vor Zuschauern. Es kam vor, dass die Tiere lethargisch herumlagen, bis sich zwei, drei Besucher vor ihre Anlage stellten. Dann jedoch kam urplötzlich Leben in die Gruppe und mit einem Schlag strotzten die Bären vor Aktivität. Sie liefen auf den wie eine erhöhte Klippe angelegten Felsen hin und her, um sich dann mit gewaltigem Sprung in ihr Wasserbecken zu stürzen, eine lange Strecke unter Wasser zu schwimmen und prustend wieder aufzutauchen. Einer nach dem anderen warf sich in die Fluten, tauchte eine Runde und kletterte erneut auf die Felsblöcke – und das nie ohne einen bedeutungsvollen Blick auf die erheiterten Zuschauer zu werfen: Seht doch, wie geschickt wir sind und wie stark und schön!

Genau diese Botschaft empfing ich denn auch durch sie und pflichtete ihnen gerne bei. Ihre mächtigen Körper bewegten sich erstaunlich wendig und elegant im Wasser. Ich fühlte ihre Freude an dem Lob für die kurzweiligen Darbietungen.

Was ist eure Aufgabe hier? sprach ich sie telepathisch an.

Wir sind Nomaden in einsamer Kälte, Wanderer wie die Delfine im Meer. Unser Revier ist grenzenlos, wir verharren nicht an einem Ort. Wir bringen unsere Energien in die eisigen Weiten des Erdballs für die Harmonie seiner Schwingungen. Doch das Eis schmilzt unaufhaltsam dahin, unser Lebensraum entgleitet uns ins Meer hinein, bis wir dereinst keinen festen Boden mehr unter den Füßen haben werden und untergehen müssen. Wenn der Mensch sich nicht um das Klima der Erde kümmert und sein sorgloses schädliches Wirken nicht bald stoppt, muss unsere Art vom Planeten verschwinden.

Für Polarbären ist dieser eingeschränkte Lebensraum hier im Zoo eine große Herausforderung, denn wir können unserem Bedürfnis nach weiten Wanderungen nicht mehr nachgehen. Doch wir haben uns ungeachtet dieser schwierigen Lebensverhältnisse zur Verfügung gestellt, um möglichst viele Menschen im Denken und im Herzen zu erreichen, denn sein rasches Erkennen ist nötig.

Aber wie sollen denn die Zoobesucher ahnen, dass ihr gezwungen seid, in keiner Weise eurer Art entsprechend zu leben, wenn ihr so vergnügliche Spiele treibt?

Keine Sorge. Allein schon unsere Gestalt zu sehen, erinnert die Menschen unweigerlich an das häufig in den Medien auftauchende Problem mit den schmelzenden Gletschern und Polareiskappen. Wenn ihr nicht immer neu damit konfrontiert werdet durch unseren Anblick, vergesst ihr sehr leicht wieder oder verdrängt die unbequeme Wahrheit. Tiere von Angesicht zu Angesicht betrachten oder über sie zu lesen, berührt den Menschen aber sehr viel nachhaltiger als über eine ferne Gegend zu hören, die nicht mehr intakt ist. Also muss die menschliche Trägheit aufgerüttelt werden durch unaufhörliche Informationen und direkten Kontakt mit dort lebenden und Leid tragenden Tieren wie wir. Deshalb führen wir dieses Dasein im Zoo. Es ist eine wichtige, große Aufgabe, und sie entschädigt uns für viele Entsagungen.

Wisst ihr, weshalb in jüngerer Zeit mit einem Mal in verschiedenen Zoos junge Eisbären geboren werden? Sie sind noch größere Publikumsmagnete und ziehen unzählige Menschen in ihren Bann und öffnen deren Herzen. Ihr Anblick weckt den Beschützerinstinkt und die Sorge um die Existenz unserer Spezies.

Oh ja, ich durfte mich auch bereits mit einem der drolligen Jungtiere austauschen, doch der Kontakt musste kurz bleiben, weil die enorme Besucherzahl dort ein ruhiges Gespräch nicht zuließ.

Der Kleine hatte mir dieselbe Botschaft übermittelt: Er sei auf die Welt gekommen, um in engem Kontakt mit den Menschen aufzuwachsen und eine Brücke zu ihnen zu schlagen. Sie würden sein Leben mitverfolgen, ihn ins Herz schließen und sich ernsthaft bemühen wollen, sich um die bedrohte Existenz seiner Spezies und ihrer Lebensgrundlagen auf der Erde zu kümmern. So würde seine Aufgabe im Zoo sich erfüllen können und er sei glücklich.

Mein Gesprächspartner hier fuhr fort:

Auch unsere Brüder im Geiste, die Delphine und Wale, deren große Wanderungen weit übers Meer führen, zeigen vielfach als Opfer auf, wie sehr auch ihre Existenz und ihr Lebensraum durch menschliches Eingreifen höchst gefährdet ist. Die Menschen verunreinigen die Meere mit künstlichen Schwingungen, welche die Delphine und Wale verwirren, sodass sie die Orientierung verlieren und in ihren Tod schwimmen.

Er sprach wohl von der akustischen Umweltverschmutzung, die der Mensch neben der bekannten chemischen in den Meeren verursacht mittels immer größerem Schiffslärm und Sonargeräten. Die Tiere werden krank und können sich nicht mehr zurechtfinden. Vor allem die Delphine, welche durch Echoortung ihre Umwelt und Beutetiere wahrnehmen, indem sie von einer bestimmten Stirnregion aus, der sogenannten Melone, Schallwellen aussenden, könnten dadurch gestört werden und ihre Orientierung verlieren.

Was meinst du denn, weshalb so viele stranden und vor euren Augen sterben? Es ist eine letzte Möglichkeit, den Menschen aufzurütteln. Denn wenn er seinen Planeten nicht besser umsorgt und seine Geschöpfe damit, geht er irgendwann selber ebenso unter. Diese letzte Konsequenz ist den meisten nicht klar.

Doch noch ist es nicht zu spät, viele beginnen umzudenken. Diese Energie wird immer stärker. Wir Tiere glauben an eine Umkehr – unterstützt uns dabei!

Diese Bemerkung fügte der Eisbär aufmunternd an. Zu gern werde ich es ihm gleich tun und mir eine künftige heilere Welt ausmalen.

Faszination Pinguin

Bei den Königspinguinen herrschte wie üblich emsiger Betrieb vor der Scheibe im Besucherraum. Erwachsene und Kinder waren in den Anblick der lustigen, fast einen Meter großen Frackträger mit ihrer auffällig gelben Gesichtszeichnung versunken. Das veranlasste mich zu der Frage: Was bedeutet es für euch, mit zu den beliebtesten Tieren im Zoo zu gehören?

Wir freuen uns über die Aufmerksamkeit, sie ist für uns wichtig. Jedem Geschöpf tut Beachtung wohl. Euer Interesse hilft uns aber auch, unsere Aufgabe wahrnehmen zu können. Wir führen euch Gemeinschaft vor. Und für Momente lösen wir das nämliche Gefühl in euren Herzen aus. Eure Freude, unsere Gruppe und deren Zusammengehörigkeit zu beobachten, verbindet auch euch selber zu einer Einheit durch eure gemeinsam gefühlten identischen Regungen. So wird der Boden bereitet für euer Zurückfinden in die Gemeinschaft allen Lebens, in das Hineinfühlen und „Nachhausekommen" zu uns, zur ganzen Schöpfung. Dieser Wunsch klingt in euch an, dahin seid ihr auf der Suche. Das Wissen ist verschüttet, aber ihr fühlt, dass ihr etwas verloren habt und wieder finden wollt, damit ihr eure Einsamkeit endlich verlassen könnt.

Während unserer Spaziergänge im Freien, wo ihr uns hautnah begleiten dürft, fallen euch die Verbundenheit unserer Gruppe und eure Sehnsucht danach noch stärker auf. Unser physisches Bild erinnert entfernt an menschliches Aussehen durch unseren aufrechten Gang. Dies verstärkt euer Gefühl von Vertrautheit, von Zusammengehörigkeit mit uns und über uns als Bindeglieder zu allen Wesen.

Kinder sind wichtige Besucher bei uns, so wie im ganzen Zoo. Bei ihnen fallen diese Samen auf fruchtbaren Boden. Sie haben noch nicht ganz die wahre Bestimmung des Menschen vergessen. Nämlich, dass er Teil der gesamten Natur ist und kein einsamer, auf sich allein gestellter Trabant.

Ja, ich konnte sehen, wie andächtig und voller Lachen die Kinder ganz vorn an der Scheibe klebten, die Pinguingruppe beobachteten und sich nicht satt sehen konnten an den lustig befrackten Geschöpfen. Ihr Vergnügen war ansteckend.

Wir bewirken Fröhlichkeit und Freude. Dies öffnet Herzen. Eure Bewunderung spornt uns an und hilft uns bei unserer Lebensaufgabe, für die wir im Tausch die Freiheit aufgegeben haben.

Nein, wir empfinden das Eingesperrt sein nicht so drastisch wie ihr, entkräftet er sofort meine in dieser Richtung aufkeimenden Gefühle, *denn wir sind stets verbunden mit unseresgleichen in der freien Natur, mit allen anderen Wesen auf der Erde. Wir können uns austauschen, können andere Leben mit erfahren. Das tun alle Tiere, deshalb sind wir niemals so einsam und leer wie ihr. Wir ertragen auch missliche Lebensumstände und nehmen sie hin. Weil wir alle daran arbeiten, euch Menschen in die Schöpfungsgemeinschaft und Liebe zurück zu gewinnen.*

Meine Aufzeichnungen sammelten sich an, das Notizheft füllte sich. Jedes Gespräch brachte neue spannende Erkenntnisse und ich begeisterte mich immer mehr. Es gab noch viel zu lernen. Oder wieder zu entdecken.

*

Die kleine Pinguin-Kolonie watschelte zielstrebig durch ihre steinige Anlage. Pinguine gehören zwar ebenfalls zur Gattung Vögel, besitzen jedoch keine flugfähigen Flügel, sondern Flossen. Soeben waren sie gefüttert und aus dem Innenraum entlassen worden. Ein paar besonders Eilige überholten die Gruppe und rannten mit weit ausgestreckten Flossen hin zum Wasserbecken. Mit mutigen Sprüngen stürzten sie sich kopfüber vom Felsrand hinein und tauchten und schwammen wie Torpedos unter Wasser hin und her. Nachdem sie ihren ersten Bewegungsdrang abreagiert hatten, dümpelten die Pinguine fast wie Enten auf der Oberfläche und riefen ab und zu mit Stimmen, die wie raue Nebelhörner oder dumpfe Sirenen klangen.

Mir war ein künstliches Ei im Gehege aufgefallen und ich wollte wissen, was dies bedeuten würde und wozu es gut wäre.

Einerseits lässt der Anblick dieses Eies uns nicht vergessen, uns zu vermehren. Hier im Zoo gibt es keine Feinde und immer genügend Futter. Das könnte uns träge werden und einfach ruhig dahinleben lassen. Für unsere Familie müssen wir jedoch unser natürliches Verhalten ausleben, Eier produzieren und Junge aufziehen, damit unsere Art fortbestehen kann. Und ebenso, um den Menschen hier unsere Jungen vorzuführen und ihre Herzen zu berühren. Nur so können sie Gefühle entwickeln für uns und unsere Weiterexistenz auf diesem Planeten. Unsere Schwingungen sind wichtig. Wir bringen besondere Energien in die kalten Regionen der Erde, um mit einer bestimmten Form dort fehlender Wärmeschwingungen jenen Mangel auszugleichen. Deshalb darf unsere Gattung nicht aussterben.

Einmal mehr das Thema Energien – immer wieder wurde ich darauf aufmerksam gemacht von den Tieren und aufgefordert, diese Tatsache zu verbreiten.

Wenn wir in Freiheit leben und in großer Kälte, müssen wir alle miteinander in der wärmeren Jahreszeit unsere Eier ausbrüten. Hier gibt es keine gefährlichen Schwankungen in den Jahreszeiten. Sobald demnach einer von uns sich um ein Ei kümmert, und sei es auch nur künstlich, wird die gesamte Kolonie automatisch motiviert, ebenfalls brüten zu wollen.

Auf der anderen Seite entsteht in der ganzen Gruppe immer eine gewisse Aufregung, die uns aufmischt, sobald in unserer Mitte ein Ei auftaucht. Dies tut uns gut. Denn Emotionen sind nötig, um eine mögliche ungesunde Trägheit zu verhindern und uns anzuregen, weil ein Leben im Zoo keine Gefahren birgt oder lebensfeindlich ist. Unser Weiterleben muss auch hier gewährleistet sein, damit wir unsere Aufgabe für die Menschen erfüllen, den Besuchern Aufklärung bringen und Erkenntnis in ihre Herzen pflanzen können. Menschen wie du sind uns eine bedeutsame Hilfe dabei, indem ihr unsere Botschaften empfangen und in schriftlicher Form weiter verbreiten könnt. Es wird mehr und mehr Menschen geben, die unsere mentale Sprache verstehen lernen, und es wird weitere solcher Bücher geben. Die Zeit ist reif. Wir danken dir im Namen aller Tiere für deine Arbeit.

Ich fühlte mich umfangen von liebevoller Achtung und Freude und erwiderte sie von Herzen.

Besuch bei den Nashörnern

Ich streifte durch den Zoo und wunderte mich immer mehr: Heute traf ich lauter Tiere mit Verletzungen an. Eine Riesenschildkröte hatte ein bandagiertes Bein, einer der Störche hinkte, im Teich schwamm ein verletzter Fisch an mir vorbei. Und zu guter Letzt traf ich in der Nashorn-Anlage eine Nashornkuh an, die an der Seite ihres Halses eine verschorfte Stelle mit eingetrocknetem Blut zeigte. Ich wollte besorgt wissen, ob sie mir etwas darüber erzählen mochte. Sie winkte ab.

Das ist eine Lappalie, kein Grund zur Aufregung, nur eine unsanfte Begegnung mit einem Ast. Wenn mir langweilig ist, geht manchmal mein Temperament mit mir durch, dann muss ich mich irgendwie abreagieren.

Hast du oft Langeweile?

Das Dasein im Zoo bringt nicht viele Abenteuer mit sich, nicht auf der physischen Ebene. Meine Aufgabe liegt anderswo. Ich möchte gerne auf der Herzensebene mit den Menschen reden, sie dort berühren und auf die Situation der Nashörner in der Welt aufmerksam machen. Doch ich dringe kaum zu ihnen durch, finde selten offene Herzen und erschrecke manchmal über die Entfremdung der Menschen der Natur gegenüber. Dann fühle ich mich gestresst, meine Bestimmung nicht erfüllen zu können und fehl am Platz zu sein im Zoo. Sobald ich nichts zu tun habe und mir langweilig ist, fehlt mir die Weite und Kraft der freien Wildnis in meiner Heimat und die Verbundenheit mit der Natur dort. Doch die Lage unserer Gattung auf der Erde ist ernst. Unsere Population schrumpft unaufhaltsam, wir werden ständig gejagt unserer Hörner wegen. Dabei machen diese den Menschen nicht stärker, nur für uns haben sie einen Wert. Im körperlichen Bereich dienen sie unserer Verteidigung. Auf der Schwingungsebene bündeln sie die Energien und leiten sie in uns hinein, verbinden uns mit der Erde und anderen Nashörnern. Sie sind sensible Organe für uns umgebende Schwingungen.

Im Zoo leben wir geschützt, betreut und genährt. Doch unsere Natur verlangt nach Weite und Begegnungen mit unseresgleichen und anderen Mitbewohnern unseres Herkunftslandes.

Oft träume ich mich in meine Heimat Afrika. Es ist nicht einfach für mich, so eingeschränkt hier leben zu müssen. Ich wünschte mir von den Menschen ein wenig Respekt dafür.

Hier ist es viel kälter als in deiner Heimat. Wie gehst du damit um – besonders wenn es in dieser Gegend schneit?

Kalt ist es in der Nacht bei uns zu Hause auch, ich bin Temperaturschwankungen gewohnt. Schnee mag ich gern. Er ist wie weicher stiller Regen, der meinen Körper sanft streichelt. Und er vermittelt Ruhe.

Schmerzt dich deine Wunde?

Nein. Aber ich fühle, dass du dir viele Gedanken darüber machst, heute eine ganze Reihe Verletzungen bei uns im Zoo angetroffen zu haben. Sie haben eine Bedeutung, denn alles was im Leben an euch herangeführt wird, hat einen Sinn.

Diese Verletzungen wollen den Menschen daran erinnern, dass er zwar für äußerliche Wunden Hilfe finden mag bei anderen: Sie können ihn verbinden und ihm Pflaster auflegen. Für die inneren Verletzungen hingegen ist jeder allein zuständig, kann sich nur selber pflegen und heilen. Dazu muss er sich liebevoll um seine Seele kümmern. Doch das bereitet den Menschen Mühe. Denn viele haben vergessen, was Liebe bedeutet. Dass es heißt, Respekt und Achtsamkeit zu zeigen für die Natur und alle Wesen darin, auch für sich selber. Dass es bedeutet, Demut zu empfinden vor der Schöpfung und Dankbarkeit dafür, und statt auf sich selbst bezogen zu sein, sich auch um das Wohl anderer Mitgeschöpfe zu sorgen. Wenn der Mensch wieder zu diesen Empfindungen zurückgefunden hat, in diese uneigennützige Liebe, dann ist er auch wieder fähig, mit sich und seiner eigenen Seele liebevoll umzugehen.

Die Nashornkuh, die zuvor unablässig durch den bescheidenen Auslauf in ihrer Anlage gewandert war, schien ruhiger geworden zu sein. Sie fing meine Regungen blitzschnell auf und meinte froh und ausgesöhnt mit ihrer schwierigen Lage:

Der Austausch mit dir hat mir viel Freude bereitet. Es ist wundervoll für mich, gehört und verstanden zu werden und kommt nicht oft vor. Und es entschädigt mich für manch erfolgloses Bemühen, die Zoobesucher zu erreichen und meine Bestimmung hier zu erfüllen. Besuche mich bald wieder!

Ich versprach es ihr und bedankte mich für ihre Offenheit und auch dafür, wie sie sich einsetzte für ihre anspruchsvolle Lebensaufgabe im Zoo.

*

Der Nashornbulle stampfte schwer durch sein Revier und blieb mit gesenktem Kopf vor dem verschlossenen Eingang zum Haus der Innenställe stehen. Ich verhielt den Schritt vor dem Gehege und spürte im Herzen sogleich sein sensibles Wesen. Gleichzeitig fing ich eine sehr gedrückte Stimmung auf, weshalb ich ihn spontan fragte: Wie geht es dir? Magst du mit mir reden?

Ich habe Heimweh.

Er zeigte mir das Bild einer weiten Naturlandschaft und andere Nashörner, die sich friedlich darin umherbewegten.

Ich habe eine weite Reise hinter mir, eingesperrt in einer engen, dunklen Kiste wurde ich fortgebracht aus meiner vertrauten Umgebung und weg von meiner Familie. Jetzt bin ich an einem fremden Ort und allein. Die anderen Nashörner hier begegnen mir reserviert und sind kein Ersatz für meine Freunde, die ich zurücklassen musste.

Woher kommst du denn? Aus Afrika?

Nein, ich bin ganz unerwartet aus einem anderen Zoo hierher transportiert worden, ohne Ankündigung und Erklärungen. Wieso merken Menschen nicht, dass wir fühlen wie sie und dass man unsere Familien und Gemeinschaften nicht ausein-

anderreißen kann nach Lust und Laune? Auch wir gehen Bindungen ein. Jetzt bin ich deprimiert und allein, fühle mich ganz klein und starr in meinem Körper eingeschlossen und irgendwie krank.

Was würde dir helfen?

Ich möchte mehr Nähe und körperlichen Kontakt, zu anderen Nashörnern wie zu meinen Betreuern. Ich bin einsam und brauche Berührungen, Zuwendung. Ich mag es sehr, gebürstet und gepflegt zu werden.

Was ist deine Aufgabe hier?

Meine Aufgabe ist es, unserer Familie Nachwuchs zu schenken und die Gemeinschaft zu stärken. Aber das ist nicht hier. Es ist nicht richtig, dass ich verpflanzt worden bin. Ich gehöre nicht hierher, sondern zu meiner zurückgelassenen Familie, meine Zeit dort ist noch nicht zu Ende.

Was könnte man denn dagegen unternehmen oder für dich tun?

Es wird sich von selber regeln. Meine Betreuer werden es fühlen lernen, dass ich nicht hier bleiben darf. Sie werden handeln. Ich wünsche mir nur, dass dies bald sein wird.

Kann ich dir eine Freude bereiten?

Erzähle von mir, um den Menschen zu zeigen, dass wir fühlende Geschöpfe sind wie sie. Und dass diese Situation nur entstehen konnte, weil der Mensch nicht mit dem Lebenskreis verbunden ist und deshalb weder wahrnimmt, welche Aufgaben andere Wesen zu erfüllen haben, noch ob sie bereit sind dazu. Bei uns gibt es keine ungewollten Opfer, alle Tiere verhalten sich im Einverständnis mit anderen und entsprechend deren Bedürfnis. Dieses Wissen und den Zugang zur Schöpfungsgemeinschaft hat der Mensch verloren, denn der Schlüssel dazu ist die Liebe. Er kann diesen Schlüssel wiederfinden, indem er sein Herz für diese allgegenwärtige Liebe öffnet. Dann wird er erkennen.

Wenn ich ehrlich war, konnte mir nicht ganz vorstellen, wie die Betreuer hier dem Nashorn seinen Wunsch erfüllen sollten. Er war offensichtlich zu Zuchtzwecken in diesen Zoo überführt worden. Doch der Bulle meinte zuversichtlich:

Du wirst sehen.

Und das tat ich denn auch tatsächlich ein paar Wochen später. Verblüfft vernahm ich die Kunde, dass der Nashornbulle wieder in seine alte Heimat zurückgebracht werden musste, weil er immer mehr zu kränkeln begann und das, obwohl trotz gründlicher Untersuchung keine körperlichen Ursachen gefunden werden konnten.

Ich war beeindruckt: Das hatte er offensichtlich vorausgesehen, es war ihm bereits bewusst gewesen.

Wie man hörte, erholte er sich im Kreise seiner Familie und der vertrauten Betreuer in der Heimat rasch wieder und erfreute sich fortan bester Gesundheit. Ich war glücklich für ihn.

Erlebniswelt Regenwald

Der Regen am heutigen Herbstmorgen war sachte in die ersten Schneeflocken übergegangen. Die bunten Blätter an Büschen und Bäumen senkten sich unter der stetig dichter werdenden weißen Last. Noch etwas ungewohnte Winterkälte kroch empfindlich durch meine Kleidung hindurch. Entschlossen lenkte ich meine Schritte zum durchsichtigen Kuppelbau des künstlich angelegten Stückes Regenwald. Ich öffnete die Schleuse zu einer Halle gewaltigen Ausmaßes und betrat mit einem einzigen Schritt eine völlig neue Landschaft – als wäre ich eben dem Flugzeug an eine exotische Destination entstiegen. Hier fand ich mich in einer vollkommen anderen Welt wieder und mein Gemütszustand veränderte sich fast magisch mit. Feuchte Wärme und Dämmerlicht inmitten von dichtem fremdartigem Pflanzenwuchs, riesigen Palmen, Ficus-Bäumen und mannshohen Farnen empfing mich, und eine Empfindung von Schutz breitete sich wohlig in mir aus. Immer wieder, sobald ich diese Oase aufsuchte, wunderte ich mich über meine intensiven Gefühle von Geborgenheit und Wärme nicht nur äußerlich, von liebevollem Angenommenwerden und Aufgehobensein. Es musste Liebe sein, die ich hier spürte, und ich fragte mich, was wohl der Grund dafür sein mochte, während mein Blick über den mächtigen Farn zu meiner Rechten schweifte.

Augenblicklich griff die imposante Pflanze mit ihren filigranen Blattrispen meine innere Frage auf. Nein, wundern Sie sich nicht oder schütteln den Kopf – auch Pflanzen sind Lebewesen aus Energieschwingungen und wir können auf einer höheren Ebene mit ihnen genauso kommunizieren. Ich hörte also in meinem Herzen ihre Aussage:

> *Alles was der Mensch an Achtsamkeit und Wertschätzung, an Pflege und Liebe in diesen Ort hineingetragen hat während der Zeit, da er voll Eifer und Freude und mit ganzem Herzen diese künstliche Welt geschaffen hat – all diese Energie ist Teil von uns Pflanzen- und Tierwesen geworden. Diese Schwingungen waren sehr stark und sind es noch. Energien gehen niemals verloren. Und täglich neu wird dieser Ort voll Achtung liebevoll gepflegt. Denn ohne des Menschen Mitarbeit könnten wir hier nicht bestehen. Es ist ein Zusammenspiel, so wie es in der gesamten Schöpfung vorgesehen war. Dieses Miteinander und Füreinander, das Geben und Nehmen, heißt Liebe. Und diese uneigennützige Liebe ist der Motor, die Grundlage allen Seins. Das ist es, was du hier spürst, was alle Besucher unbewusst wahrnehmen. Diese Halle ist Beispiel dafür, wie die Erde sein könnte: heile Welt nicht nur im Kleinen, sondern auf dem ganzen Planeten. Ein natürliches Miteinander von Pflanzen, Tieren und euch Menschen in Liebe.*

Dankbar für die freundliche Unterweisung und mit einer ordentlichen Prise Demut vor der großen Weisheit um mich herum, streifte ich gemächlich über die Wege. Tatsächlich, mir fiel auf, dass sich die Menschen hier merklich stiller und aufmerksamer verhielten und sehr viel langsamer als draußen im Zoogelände. Lärmende, eilige oder rücksichtslose Besucher traf ich nicht an. Groß und Klein blieb andächtig vor den exotischen Gewächsen stehen und spähte im dichten Blättergewirr nach Tieren. Der besonderen Energie in dieser Regenwaldhalle konnte sich niemand entziehen.

Neugierig schaute ich mich um in diesem künstlichen kleinen Abbild des Regenwaldes auf Madagaskar und hoffte, ein paar Vertreter der in jener Region ansässigen Tierwelt zu entdecken, welche inzwischen in diesem hier verblüffend realistisch nachgeahmten Lebensraum heimisch geworden waren. Wie eine rote Blüte saß ein kleiner finkenähnlicher Madagaskar-Webervogel mitten im grünen Laub. Ich fühlte unbegrenzte, überschäumende Lebensfreude, eine enorme Leichtigkeit und Fröhlichkeit von ihm ausgehen. Er blinzelte mich an und ich fragte ihn, ob er mir etwas mitteilen mochte.

Schau mich an. Nimm das Leben im Flug wie wir. Hab Vertrauen. Wir kennen keine Ängstlichkeit, kein Zögern. Es gibt nur fliegen oder nicht fliegen. Sei spontan, entscheide dich. Alles ist richtig, wenn du es selber willst. Das Leben ist ein einziges wundervolles Abenteuer. Schwinge dich auf, lächle und freue dich. Wir tragen das Lachen in der Kehle. Lausche, wie wir rufen und zwitschern. Unser Gesang soll euch Menschen ermahnen: Vergesst nicht die Lust zu leben!

Mit dieser Empfehlung flog er davon und wurde vom dunkelgrünen Blattwerk eines riesigen Ficus-Baumes verschluckt. Ich fühlte mich leicht und frei, er hatte mich angesteckt mit seinem Frohsinn.

Die nächste Portion Lebenshilfe für mich und an die Adresse aller Menschen folgte auf dem Fuße. Ein Chamäleon fesselte meinen Blick. Auch er, ich nahm ihn als männlich wahr, hatte eine Botschaft für mich.

Stehe zu all deinen Gaben, schränke dich nicht selber ein. Du allein kannst entscheiden, ob und wo und wie viele Farben zu zeigen willst, wie viel Wert du dir selber gibst. Denk daran, einzig der Mensch setzt sich Grenzen. Dein Wille ist frei, alles ist dir offen zu erfahren und anzunehmen. Höre auf dein Gefühl. Öffne dein Herz und du wirst stets zur richtigen Zeit an den richtigen Ort geführt werden. Vertraue dir, vertraue dem Leben.

Es verblüffte mich immer wieder neu, wie sehr doch alle Tiere unsere persönlichen Probleme jeweils auf den Punkt genau treffen. Und mag dies auch zeitweise unbequem sein – hilfreich ist es immer. Ich war froh um diesen weisen Rat. Eine Familie mit Kinderwagen und ein weiteres Paar pilgerten vorbei. Das Chamäleon ruhte eine bloße Armlänge neben der Wegabgrenzung. Doch keinem fiel es auf, es zeigte sich farblich optimal getarnt. Für meine Augen jedoch war das schöne Wesen deutlich wahrnehmbar, vermutlich weil es sich mir zeigen und diese Botschaft übermitteln *wollte.*

Mit einem Mal plätscherte sich der Wasserfall auffällig in mein Ohr hinein. Ich öffnete ihm eilig mein Herz und verband mich mit dem Geist des Wassers, mit seiner Energie. Er hatte ein ernstes Anliegen:

> *Das Wasser soll ein zentrales Thema sein für dein Buch. Kläre die Menschen auf. Die Zeit drängt. Wasser birgt viele Geheimnisse, die Macht seines Einflusses übersteigt eure Phantasie. Es ist fließende Energie. Das Wasser bestimmt über Leben oder Tod. Es leidet und hat erschreckend an Kraft verloren. Gebt ihm Reinheit und Stärke zurück. Euer Schmutz schwächt es dramatisch. Er ist überall, nicht nur im Trinkwasser. Auch die Luft ist beeinträchtigt. Der Regen hat die Aufgabe, euch und alle Wesen zu reinigen, ebenso eure Atemluft. Doch er hat nicht mehr genügend Kraft dazu. Die Erde wird langsam vergiftet und mit ihr alle Pflanzen, Tiere und auch der Mensch. Seid euch bewusst: Wasser ist Energieträger. Jeder Einzelne kann ihm schaden, aber ebenso Heilung bringen. Auch du. Ehrt das Wasser wie euer eigenes Leben, schickt ihm Gedanken und Gefühle voller Liebe, Achtung und Dankbarkeit. So könnt ihr es heilen, klären und stärken. Höre, was die Tiere dir zum Thema Wasser zu sagen haben, jedes auf seine Art, jedes nach seinen Bedürfnissen. Und schreibe alles auf, damit diese Informationen und ihre Dringlichkeit viele Menschen erreichen und mobilisieren können.*

Nachdem ich inzwischen bereits die Aussagen der Fische, Seehunde, Kamele und Bisons zu diesem offensichtlich brisanten Thema entgegen genommen hatte, sprach mich nun also auch noch das Wesen Wasser selber an: Über den Wasserfall war ich verbunden mit der Schwingungsenergie des nassen Elementes.

Ich versicherte meinem Botschafter, den Ernst seiner Aussage zu erkennen und weiter zu tragen. Daraufhin löste sich unsere mentale Verbindung sachte wieder auf. Jetzt hatte ich ein Stück Kuchen zur Stärkung nötig.

Auf dem gewundenen Pfad, der am Ende zum Restaurant führte, traf ich bei der nächsten Wegbiegung auf eine Besuchergruppe, die andächtig ins Geäst hinauf starrte.

Aha, eine große Fledermaus, Flughund genannt, baumelte kopfüber an einem Zweig und ordnete soeben ihre Hautflügel neu. Zwei andere hingen schlafend weit oben in den Ästen der ausladenden Baumkrone. Ich versuchte mir vorzustellen, wie ein Leben auf dem Kopf sich wohl anfühlen mochte. Auf meine telepathische Frage hin meinte die Fledermaus hilfsbereit und freundlich:

> *Leben kann man auf manche Weise. Was für mich vertraut und natürlich ist, scheint euch vielleicht verkehrt. Menschen sind rasch bereit, Unbekanntes zu meiden oder zu verdammen und Fremdem zu misstrauen. Seid offen für alles. Urteilt nicht. Wagt Neues, stellt euch auf andere Sichtweisen und Erkenntnisse ein, macht ungewohnte Erfahrungen. Und wenn ihr neue Wahrheiten für euch gefunden habt, lasst euch nicht beeinflussen und beirren durch andere Meinungen und Vorstellungen. Vertraut den eigenen Wahrnehmungen, zweifelt nicht an euren Gefühlen und Bedürfnissen, an den eigenen Einsichten. Es ist euer Leben, lasst nicht andere es leben! Und lebt nicht das Leben Anderer.*

Ich fühlte ihr sanftes Wesen im Herzen und wanderte glücklich über den berührenden Kontakt weiter Richtung Restaurant.

Ein paar Spatzen, die sich durch Öffnungsklappen von Zeit zu Zeit hier herein verirrten – für einmal bedeuteten sie die Exoten in dieser fremden Fauna – zwitscherten von den Verstrebungen an der Kuppeldecke herab. Rote Varis, die wunderschönen rostroten Lemurenaffen, konnte ich nur halb versteckt von dichtem Blattgewirr einen Augenblick lang in den Baumkronen herumturnen sehen, dann entschwanden sie meinen Blicken wieder.

In der Nähe der Riesenschildkröten trödelte ich eine Weile herum, bis sich eine Besuchergruppe dort satt gesehen hatte. Ich verspürte das Bedürfnis, mich mit den ruhigen Wesen eins zu fühlen und ein Gespräch zu führen. Während ich innehielt, um die imposante einzelne schwarze Blüte mit den lustigen Grannenhaaren zu bewundern, die an eine Fledermaus erinnerte – sie trug denn auch den passenden Namen Fledermausblume – leerte sich der Platz vor dem Wasserbecken bei den Schildkröten und ich trat rasch herzu. Diese eindrücklichen Geschöpfe verkörperten die weltgrößten Landschildkröten. Ich verband mich mental mit jenem Tier, das in meine Richtung blickte, und fragte sie – es war eine weibliche Energie – ob sie mit mir sprechen wollte. Sogleich empfand ich bereitwillige, einladende Zustimmung und notierte eifrig ihre Aussagen und weisen Ratschläge, die sie uns Menschen schenkte.

> *Langsam, langsam wächst alles, wechselt, die Natur ist in ewigem Wandel begriffen. Lass dir Zeit. Sieh mich an, ich habe keine Eile. Ich habe Muße zu sein und wahrzunehmen. Alles Leben verändert sich, stetig, unaufhaltsam. Menschen sind zu schnell und oberflächlich. Ihr seht nicht hin, seid blind, ihr spürt nicht das Werden, immer wieder neu. Auch was in euren Augen statisch ist und leblos scheint, ist voller Leben. Steine, Erde, der ganze Planet ändert und wandelt sich in langsamem Rhythmus. Die Erde schafft sich immer neu. Ihre Nährstoffe werden abgetragen und verbraucht, herausgesogen von den Pflanzen. Wenn diese sterben, verwesen sie und schenken dem Boden neuen Humus und wieder frische Lebenskraft für Samen, junge Sprosse. Die Haut der Erde verändert sich unmerklich und ständig, so wie eure Haut es tut. Auch sie schuppt ab und erneuert sich. Jede Zelle eures Körpers stirbt im Laufe der Zeit ab und bildet sich neu, immer wieder. Seid euch des für euren Blick nicht erkennbaren Lebens bewusst. Achtet und schützt es selbst dort, wo es euch leblos erscheint, in der Langsamkeit, im Kleinen wie im Großen. Auch der Erdball lebt, sein Feuer verzehrt und erschafft, so lange er Kraft hat. Dies ist Leben. Eines Tages in ferner Zeit wird sein Feuer schwächer werden und erlischt, so wie die Glut unserer Sonne eines Tages*

ausbrennt. Planeten und Sonnen vergehen, neue werden geboren. Auch das ist Leben. Und alles was lebt, ist verbunden, hängt zusammen und voneinander ab. Achtet und liebt ihr ein Teilstück, liebt ihr alles, denn alles ist eins. So einfach ist das. Und so vieles könnt ihr damit auf ganz einfache Weise bewirken. Seid euch des Wunders Leben um euch herum bewusst. Jedes noch so kleine und unscheinbare Wesen hat den gleichen Wert, stellt euch nicht darüber. Vergesst nicht, eure Spezies kann nur bestehen dank der Existenz des vermeintlich Leblosen: der Erde, den Steinen, dem Wasser, eurem Planeten und seiner Sonne.

In all den ernsten Ermahnungen der Riesenschildkröte schwang Mitgefühl für unsere Unwissenheit mit, Geduld und Zuversicht, dass die Menschheit letztlich mit dem Herzen erkennen lernen würde. Die Mauern begannen zu bröckeln. War diese von Menschen geschaffene Regenwaldhalle, das kleine Stück liebevoll gehegter intakter Welt, nicht der Beweis?

Während des letzten Wegstückes zum Restaurant genoss ich erneut bewusst die einzigartige Atmosphäre und ließ mich umfangen und durchfließen von den intensiven Schwingungen an diesem Ort. Beruhigend, liebevoll, fast mütterlich wischten sie mir Anspannung, Zweifel und Druck aus dem Gemüt und erfüllten mich mit neuer Energie. Geruhsam schlenderte ich unter den riesigen Blättern der Elefantenohr-Pflanzen und zwischen hohen, armdicken Bambus-Stämmen hindurch. Der seltsame „Baum der Reisenden“ mit seinen fächerartig auseinander strebenden Blattstielen war unverwechselbar. Dieser riesenhafte grüne Fächer ist der Nationalbaum Madagaskars. In seinen hohlen Blattscheiden vermag er mehr als einen Liter Wasser zu speichern. Damit könnte die Pflanze Reisende mit akutem Flüssigkeitsmangel vor dem Verdursten bewahren – sofern diese denn die dicken Stängel anstechen und das abgestandene Wasser voller Kleininsekten und Mückenlarven kosten und schätzen würden. Ich hielt mich bedeutend lieber an den aromatischen Fruchtsaft, den ich an einem freien Platz beim Panoramafenster im Restaurant genehmigte.

Hier saß ich nun in der ersten Reihe, um die Witwenpfeifgänse, braune und an den Seiten helle, fast storchengroße Vögel, beim Nestbau zu beobachten – zumindest beim Beschaffen des Baumaterials. Sie waren soeben im Begriff, allerlei Zweige zusammenzutragen. Mit Schnäbeln voller kleiner Äste und langer Ruten flogen sie an der Scheibe vorbei. Von meinem Tisch aus konnte ich nicht sehen, wo das Nest entstand. Ob sie wohl trotzdem Zeit hätten, mir eine neugierige Frage zu beantworten? Ich wüsste gern, woher sie kommen, wie es dort aussehen mochte und sprach sie aus dem Herzen heraus an.

Sie zeigten mir ein Bild hoher Baumkronen im Regenwald. Viele bunte Vögel flogen wie Blumen durch das Blätterdach. Ich empfing tausend Geräusche, kreischende wie melodische, und Gerüche, ich empfand Wärme. Die Düfte waren erstaunlich wenig süß, eher leicht modrig und faulig, ähnlich wie im Herbst oder wenn nach Regen die Sonne auf Blätter und feuchten Waldboden schien.

In der Heimat bauen wir unsere Nester in den Bäumen und bewegen uns seltener auf dem Boden als hier. Vielerlei Gefahr lauert dort für unsere Jungen und die Eier.

Wie gefällt es euch, hier zu leben?

Es fehlt die Weite und Unbegrenztheit unseres Lebensraumes. Doch Schutz und Ruhe hier sind ein ausgleichendes Plus. Auch die Aufmerksamkeit der Besucher ist neu für uns und interessant. Wir haben dieses Leben gewählt, um die Menschen und ihr Wesen kennen und verstehen zu lernen. Ihr seid sehr, sehr verschlossen der Sprache der Natur und der Tiere gegenüber. Diese kleine künstliche Welt hier ist unglaublich wichtig für das Verständnis und die Entwicklung des Menschen, für sein Erwachen – bevor es zu spät ist und er sich und die ganze Erde gefährdet, ohne es zu wissen oder in ganzem Umfang zu erfassen. Alle Besucher an diesem Ort sehen wir achtsamer werden, nachdenklicher und beschaulicher. Langsam gehen diese Samen auf und werden überall hin weiter getragen zu anderen Menschen. Dieses Aufkeimen der Erkenntnis, wie sehr alles verbunden ist, berührt den Geist der ganzen Menschheit. Die Lehrer in der Schule vermitteln heute schon mehr

Informationen über Natur und Tiere. Und diese Lehren werden künftig noch umfassender ausgebaut und wichtig genommen werden. Orte wie dieser und ihr Einfluss beschleunigen den Prozess eures Aufwachens aus dem Schlaf des Vergessens aller wahren Zusammenhänge.

Einmal mehr wurde wieder deutlich, wie sehr sämtliche Tiere Einsicht in das Wissen des gesamten Lebenskreises hatten und in die menschlichen Gedankengänge, Regungen und Verhaltensweisen, im Guten wie im Schlechten.

Noch ganz versunken in den Nachhall des Gespräches ließ ich die Augen auf dem wohltuenden Grün der Wasserpflanzen ruhen, die Teile des kleinen Sees vor dem Panoramafenster zur Regenwaldhalle bedeckten. Eine Bewegung im Blattmeer brach den zeitlosen Moment. Mein Blick erhaschte ein Blatthühnchen, das mit seinen überlangen Zehen über die Schwimmblätter der Wasserpflanzen schritt. Es erstaunte mich, wie sicher dieses zarte Vögelchen sich auf dem schwankenden Grund bewegte. Vielleicht hatte es mir auch etwas zu sagen? Seine Antwort war einerseits persönlich gefärbt, andererseits ging sie alle Menschen an.

Nimm dir Zeit, sei einfach, ohne Zeitdruck. Bleibe im Augenblick, überlasse dich den Schwingungen um dich herum, sie gehen durch dich hindurch, vereinen sich mit dir. Lass geschehen, hab Vertrauen, alles ist verbunden und nährt dich, wärmt deine Seele, macht dich weit und groß. Alles ist möglich, es gibt keine Einschränkungen außer jenen, die du dir selber auferlegst, außer den Grenzen, die der Mensch sich selber steckt. Du siehst, ich gehe über das Wasser, getragen von den schwimmenden Pflanzen. Wir sind verbunden, ihre Energien sind Teil von mir, ich bin Teil von ihnen. Ich vertraue ihnen, sie stützen mich, lassen mich nicht fallen. Auch du bist getragen von allem um dich herum. Spüre die Energien, sie schützen und lieben dich. Die Natur mit all ihren Wesen ist Liebe in unendlich vielen Gestalten. Du gehörst dazu. Zweifel und Furcht statt Vertrauen sind allein von dir geschaffen.

Entscheide dich zu lieben. Denn wo Liebe ist, hat Angst keinen Platz.

Die Weisheit dieses kleinen Vogels beeindruckte und berührte mich – aber dass Herz und Seelengröße nicht gemessen werden an der körperlichen Gestalt, war mir nicht neu. Ich schickte meinem zarten kleinen Unterweiser und Helfer einen Strahl dankbarer Liebe und nahm seine Lektion samt den vielen Empfehlungen und Botschaften all der anderen Wesen in der Regenwaldhalle mit nach Hause.

Im Land der Galapagos Schildkröten

Novemberwinde und Kälte trieben mich heute ins mollig warme Schildkrötenhaus. Auf dem Gelände des Zooareals wurden nach heutigen Erkenntnissen moderner Tierhaltung neu konzipierte Anlagen gebaut und alte umgestaltet. Ich fragte mich, was für ein Bild wohl ein künftiger Zoo zeigen könnte und wohin er sich entwickeln würde.

Wo waren denn die Riesenschildkröten? Auf den ersten Blick schien das Revier der riesigen Panzertiere leer, bis auf den Nachwuchs in seinem eigenen abgetrennten Mini-Gehege. Dort wuchsen die Winzlinge während ihrer ersten Lebenszeit unter sich heran, vorsorglich geschützt vor den schwergewichtigen Familienmitgliedern. Deren massige Körper könnten den noch fragilen Jungen zu gefährlich werden und sie erdrücken, falls die Tiere durch den ziemlich eingeschränkten Lebensraum hier in zu engen Körperkontakt gerieten.

Ehe ich mich noch wundern konnte, wo sich die erwachsenen Galapagos-Schildkröten wohl verstecken mochten, hatten sie alle Fragen in meinem Herzen aufgefangen. Denn im gleichen Moment umrundete die eine, dann eine zweite die großen Steinblöcke in ihrem Gehege. Die Form der Steine war ihren halbrunden Rückenpanzern nachempfunden und die Konturen schienen bei flüchtigem Hinsehen zu verschmelzen.

Wir sind doch hier!

meldeten sich die Schildkröten, näherten sich der trennenden Glasscheibe und blickten mir direkt in die Augen. Die eine fixierte mich eindringlich und ich wusste, ich musste rasch das Notizheft öffnen, sie hatte viel zu sagen.

Schreibe das auf: Der Zoo hat und hatte stets eine wichtige Aufgabe zu erfüllen. Einst war eure Welt noch nicht vernetzt und verkehrstechnisch verbunden. Wissen war nicht jedermann zugänglich und Reisen über die Landesgrenzen hinaus beschwerlich. Damals musste die Welt zu den Menschen gebracht werden. Exotische Tiere waren bloße Ausstellungsobjekte und fristeten ihr Leben in engen Käfigen, oft in lebenslanger Einzelhaft.

Dann war die Lebensaufgabe jener Zootiere ja noch um ein Vielfaches härter und schwerer als heute, erschrak ich und wurde sehr traurig.

Das ist richtig. Aber wir Tiere wollten uns dieser Aufgabe stellen: Der Mensch musste aufgeklärt werden. Er musste fremde Geschöpfe antreffen und beobachten können, um sie achten zu lernen. Einst war es reine Befriedigung der Neugier. Die gefangenen Tiere haben ihr Los angenommen und ertragen zum Wohl der ganzen Erde. Das tun Tiere immer. Für uns ist das Zusammenspiel, die Verbindung und die Liebe für und unter allen Lebewesen höchstes Gebot. Wir denken und empfinden weniger egoistisch als vielmehr altruistisch. Nicht das einzelne Individuum ist wichtiger, sondern die ganzen Rassen und letztlich das Gleichgewicht, die Harmonie auf dem gesamten Planeten.

Mitten im Schreiben wurde mir bewusst, wie intensiv ich die ganze Zeit schon verbunden war mit dem ältesten und sehr weisen Tier. Er – ich nahm ihn als männliches Wesen wahr – zeigte sich abgeklärt, aber keinesfalls gönnerhaft. Kein Tier hegt jemals solche allzu menschlichen Regungen. Tiere teilen bereitwillig ihr Wissen. Es war so, als ob mich die große, betagte Riesenschildkröte an der Hand nähme und führte wie ein unwissendes, lernbegieriges Kind. Er flößte mir so viel Vertrauen ein, dass, trotz all meiner stillen Trauer über den Graben zwischen Mensch und Tier und der Natur, in meinem Herzen warme Zuversicht aufkeimte. Alles würde sich zum Guten wenden. Ich notierte und schrieb, mir wurde kaum bewusst, wie und was alles.

Dies ist ein eigenartiges Phänomen – ich kritzle jeweils rasch und zügig, als würde mein Stift geführt werden und komme kaum nach mit Schreiben.

Mit der Zeit hat die Menschheit Erkenntnisse gesammelt, Erfindungen gemacht und ist aufgeklärter geworden. Und damit sind viele Grenzen gefallen, die Welt rundum ist erreichbar geworden. Verbindungen sind entstanden, Fortschritt, Wissen hin- und hergetragen worden. Wie durch einen Blutstrom, der den ganzen Körper versorgt, wird nun die Erde und mit ihr alle Geschöpfe, auch der Mensch, in einen Zusammenhang eingebunden und genährt. Heute gibt es kaum mehr weiße Flecken auf der Landkarte des Planeten. Auf diese Weise wird es fortschreiten. Äußere Grenzen fallen immer weiter. Und so geschieht es mit den inneren Abgrenzungen. Auch sie öffnen sich. Die Herzen gehen auf, verbinden sich durch Ströme von Gefühlen der Liebe füreinander. Es hat schon begonnen, du fühlst es, weißt es – wie sonst wärst du dabei, dieses Buch zu verfassen?

Aber es ist unerträglich für mich, dass noch heute in vielen menschlichen Köpfen die Vorstellung herrscht, Tiere seien als seelenlose Sachen einzustufen, klagte ich. Und jammerte weiter: Wieso dauert es denn so lang, dass derart viele Augen und Herzen noch immer vor dem Offensichtlichen verschlossen sind? Er schien zu lächeln und meinte:

Zügle deine Ungeduld und vertraue. Du möchtest wie immer am liebsten allen Wesen rundum Angst und Leiden abnehmen. Das ist nicht möglich. Du kannst nicht mit einem Fingerschnippen deine Vorstellungen – und seien sie noch so edel und liebevoll – anderen einpflanzen und in deren Leben eingreifen. Jedes Wesen, jeder Mensch muss seine Erkenntnisse und Wahrheiten selber finden. Doch du kannst mithelfen und Samen setzen. Du kannst aufklären und zum Verständnis von Zusammenhängen beitragen. Jeder Einzelne vermag das und jeder hat Gewicht und Wirkung. Viele Tropfen ergeben einen See, füllen ein ganzes Meer. Verzage nicht, streife den Trauer-

flor um deine Gedanken ab. Ich zeige dir das Bild eines Zoos in der Zukunft:

Auf dem Weg dorthin wird es immer weniger Tiere geben auf der Welt, sodass viele Arten nur noch im Zoo am Leben und Überleben gehalten werden. Der Mensch wird ständig bewusster werden. Er wird gewahr werden, dass es nicht reicht, vereinzelten Tieren in Gefangenschaft ein artgerechteres, sorgloseres und besseres Leben zu bieten. Dadurch kann er den Weg des Niedergangs für viele Geschöpfe nicht stoppen. Er wird verstehen und handeln, wird erkennen, wie nötig es ist, umzudenken und alle Lebewesen zu achten, um sie vor dem Verschwinden von unserem Planeten zu retten. Denn jede Art bringt ihre spezielle, einzigartige Energie ein ins Zusammenspiel der Natur. Euer inneres Gehör und Auge wird sich mehr und mehr öffnen. Ihr werdet langsamer werden, achtsamer und intensiver leben, so wie wir. Der Mensch wird erkennen: Hektisch durch die Tage eilen heißt nicht, besser leben.

Nach Jahrzehnten tauschen wir uns alle telepathisch aus, Mensch und Tier. Der Zoo wird Schule sein für euch. Ihr werdet mit Fragen zu uns kommen und unsere Hilfe und Weisheit ganz selbstverständlich annehmen. Das Gefälle zwischen uns und euch gleicht sich aus. Ihr nehmt euch nicht länger als Krone der Schöpfung in eurem Sinne wahr, sondern seid bereit, von uns zu lernen, so wie wir dankbar eure Hilfe in Anspruch nehmen, die euch allein euer menschlicher Körper ermöglicht. Der Zoo wird für die kommenden Generationen Lebensschulung und Ausbildungsplatz sein. Kinder werden mit verändertem Gedankengut und aus dem Herzen fühlend, aufwachsen. Zoo- und Tierkenntnis, Sinn für Natur und Schöpfung, für die Bedeutung und den Kreislauf des Lebens wird Selbstverständlichkeit und wichtiges Schulfach sein. Hemmende Grenzen werden fallen, ihr selber werdet sie niederreißen, die Schranken, die allein ihr errichtet habt, diese euch lähmenden Hindernisse, hinter denen ihr euch selber abgetrennt – ausgeschlossen – ausgegrenzt habt.

Der alte weise Schildkrötenmann schien diesen unguten Zustand durch seine Wiederholungen betonen zu wollen.

Gleichwertigkeit wird herrschen, jeder trägt nach seinen Möglichkeiten bei zum Lauf und Bestehen des Lebenskreises, unserer Heimat Erde.

Nun richtete er meine Aufmerksamkeit auf den Nachwuchs in der Schildkröten-Anlage.

Unsere Jungen hier werden ein anderes Bild von euch Menschen kennenlernen und euch nach Kräften unterstützen. Öffnet ihnen schon jetzt eure Herzen und achtet ihre Präsenz.

Voller Dankbarkeit für die erschöpfenden Antworten und seine mentale Kraft, mit der er meine Zuversicht stärkte und mir einen schöneren, verheißungsvolleren Zoo, eine bessere Welt in Aussicht stellte, verabschiedete ich mich. Als ich eben das Schildkrötenhaus verlassen wollte, rief er mir augenzwinkernd, praktisch noch durch die Türe nach:

Vergiss nicht, Veränderungen geschehen langsam, derart tief greifende sowieso. Wir erwarten nichts in Eile, wir lassen es geschehen. Schau uns an, wir haben Zeit und Geduld. Tu es uns gleich. Du sollst nichts erzwingen, weder in der Erwartung an andere Menschen, noch bei dir selber. Vertraue, bleibe positiv und glaube ans Ziel. Das gilt für alle Menschen.

Ich will es mir zu Herzen nehmen.

*

Das milde Frühlingswetter hatte viele Besucher in den Zoo gelockt. Auch die Riesenschildkröten genossen in ihrem Freigehege ein wärmendes Sonnenbad. Ich richtete mich auf einer nahen Bank aufnahmebereit ein und war neugierig, auf welche Weise sie sich und die Welt wahrnehmen würden.

Wir sind kraftvolle Wesen, stark verbunden mit der Erde. Unser Panzer ist unsere eigene Höhle, in der wir uns geschützt fühlen. Ruhe und Beständigkeit ist unsere Stärke. Wir nehmen an, was immer das Leben uns gibt. Es sind reiche Gaben für den, der sich Zeit nimmt und aufmerksam ist. Wärme und Licht stärken uns, die Welt ist voller interessanter Gerüche. Wir nehmen sie sorgfältig auf, denn auch sie nähren uns und unser Wesen. Menschen sind zu rastlos und hektisch. So haben sie keine Zeit, nehmen sich nicht die Muße, ihr Dasein tatsächlich wahrzunehmen und auszukosten. Nicht nur Nahrung macht das Leben aus. Sie stärkt unsere Körper, aber ebenso wichtig sind alle Eindrücke, welche die Sinne nähren.

Wir wandern mit Beschaulichkeit auf unserer Lebensspur und haben zum Genießen Zeit. Macht es wie wir. Öffnet das Tor zu euren Sinnen. Spürt den Rhythmus um euch herum, den Atemfluss in euch, riecht das Blumenmeer und hört auf den Wind. Fühlt die Sonne auf eurem Körper und geht jeden Schritt bewusst. Erkennt, wie die Welt euch Brücken baut zur wahren Lebensfreude.

Spürt ihr den Unterschied zu eurem Heimatland, vermisst ihr etwas? hätte ich gern erfahren. Eine der Galapagos-Schildkröten reckte den Hals und wandte mir ihren Kopf zu. Fragt man sich innerlich, wer wohl der Partner im Gespräch sein mochte, zeigen sie es manchmal durch körperliche Signale.

Allerdings ist es nicht zwingend, dass Tiere uns gegenüber stehen während einer Kommunikation. Oft sind sie mit Fressen oder anderen Dingen beschäftigt, oder gar in einem anderen Raum, befinden sich an einem fremden Ort. Dies ist, wie gesagt, niemals Hindernis für eine telepathische Verbindung.

Hier also fing die Schildkröte auf leicht wahrnehmbare optische Weise meine Aufmerksamkeit ein. Und gleichzeitig fühlte ich sicher, dass sie, eine weibliche Energie, sich mit mir verbunden hatte.

Unser Land ist voller Leben, Wärme, ein Kaleidoskop an Gerüchen und Geräuschen. Und über all dieser Vielfalt liegt gleichzeitig ruhevolle Beschaulichkeit, Schutz und Beständigkeit. Das haben wir verinnerlicht in unserem Wesen, selbst wenn wir nun hier im Zoo weilen, in einer weniger bunten und vielfältigen Umgebung. Deshalb vermissen wir unser Land nicht, wir tragen es in unserem Herzen. Wenn Menschen hier vorbeikommen, spüren alle durch uns ein wenig von der Seele unserer Heimat. Sie werden stiller, andächtiger, aufmerksamer. Meist setzen die Menschen Hektik und Betrieb dem Leben gleich – doch so gehen sie am wahren Sinn vorbei. Oft sind sie der irrigen Ansicht, Langsamkeit bedeute Stumpfheit, Dummheit. Das ist sehr schade. Damit verbauen sie sich unendlich viele wundervolle Momente und machen sich ärmer. Denn das Leben mit all seinen schillernden Facetten findet stets im Augenblick statt.

Nehmt euch zum Staunen Zeit. Lebt nicht nach der Uhr, macht euch nicht zu deren Sklaven, indem ihr durchs Dasein hetzt. Lebt bewusst, entfaltet euch ohne Zeit-Tyrannei. Fesseln erschafft ihr innerlich, euer Wille ist stets frei.

Manchmal ist es schwierig, im Strom eines hektischen Umfeldes innere Ruhe zu finden. Kannst du mir raten, wie ich unter solchen Bedingungen gleichwohl rasch still zu werden vermag?

Denke an die jetzige entspannte, zeitlose Situation im Gespräch mit uns zurück und spüre in dich hinein. Schicke uns einen Gruß. Damit wirst du dich automatisch in diese ruhevolle Verbindung mit uns zurückversetzen und über unsere Herzen zu deiner eigenen Stille finden. Du kannst zu jeder Zeit und an jedem Ort in Kontakt treten mit uns. Wir übermitteln dir unsere Ruhe und du wirst ganz leicht den Gleichklang fühlen.

Gerne wollte ich die empfohlene Methode ausprobieren, sobald es nötig wäre, und verabschiedete mich von den sanften und vorbildlich beschaulich lebenden Geschöpfen.

Schneeleoparden: Zwischen Himmel und Erde

Eine ganz besondere Affinität hegte ich schon immer zum geheimnisvollen Irbis oder auch „Geist der Berge“, wie der scheue Schneeleopard gern genannt wird, weil man ihn in der Einsamkeit seines Lebensraumes hoch auf dem Dach der Welt nur äußerst selten zu Gesicht bekommt. Gerade mal etwas über zweitausend Tiere leben weltweit noch in ihrer Heimat, der innerasiatischen Gebirgswelt von bis über 5000 Metern Höhe. Diese einzigartigen großen Katzen stehen gefährlich nahe dem endgültigen Verschwinden von unserem Planeten. Die Zoos weltweit bemühen sich um deren Zucht in Gefangenschaft, teils mit erfreulichem Erfolg. Doch die Lage ist prekär, Wilderei dezimiert ihre Gattung weiterhin drastisch.

Heute wollte ich versuchen, eine Verbindung zu diesem einzigartigen Geschöpf zu finden. Als zurückgezogen lebende Wesen mochten sie möglicherweise mental nicht so gern in Kontakt treten mit den Menschen und könnten sich mir gegenüber verschlossen zeigen.

Neugierig machte ich mich auf zur Irbis-Anlage. Zwischen den Felsen in dem artgerecht gestalteten Gehege waren die Schneeleoparden in ihrem weißlich grauen Fell mit den dunklen Ringflecken nur sehr selten gut zu beobachten. Meist musste man sich anstrengen, um sie überhaupt ausfindig zu machen, so perfekt getarnt verschmolzen sie mit ihrer Umgebung.

Doch an diesem sonnigen Frühlingsmorgen hatte ich Glück. Einmal lag das Schneeleoparden-Weibchen nicht auf dem bevorzugten Ruheplatz, einem Felsvorsprung hoch oben in ihrem steinigen Revier, das dem natürlichen Lebensraum der scheuen, höchst seltenen Katzen nachempfunden war. Heute bewegte sie sich trotz humpelndem Dreibeingang erstaunlich geschickt und flink am oberen Grenzzaun entlang und verschwand ab und zu an einem für die Zoobesucher nicht einsehbaren Punkt in der Anlage. Dort lag der Eingang zum Innenraum des Irbis-Hauses. Ich übte mich in Geduld und wurde belohnt. Sie erschien wieder und legte sich für eine Weile unter den Gebüschen im obersten Teil des Geheges nieder. Ich kramte mein Notizheft hervor, verband mich mit ihr von Herz zu Herz und hoffte, sie würde sich auf ein Gespräch einlassen. Ganz unerwartet spürte ich eine sofortige Bereitschaft, sich mit mir auszutauschen. Ich schickte der Irbis-Dame mit ihrem wunderschön gezeichneten, molligen Pelz einen Strahl von Liebe und fragte sie, wie sie sich im Zoo eingelebt habe und wie sie ihr Dasein in Gefangenschaft empfinden mochte. Überrascht hörte ich:

Es ist ein Geschenk für mich. Ich empfange sehr viel liebevolle Zuwendung und fühle mich umsorgt, bin aufgehoben und verbunden mit meinen Betreuern hier.

Ich war ziemlich verwundert über ihre überaus positive und freundliche Reaktion. Wenn ich mir ausmalte, was sie als kleines Jungtier alles hatte durchstehen müssen: Von kirgisischen Wilderern war sie damals gefangen worden in einer schrecklichen Falle, die ihren rechten Hinterfuss derart zerstörte, dass die Hälfte davon amputiert werden musste. Und dies erst nach wochenlanger, schmerzhafter Leidenszeit in einem engen, dunklen Käfig. So lange, bis die Kleine dort schließlich verdreckt und verängstigt entdeckt wurde von Wildhütern, die sie beschlagnahmen und endlich erlösen konnten. Daraufhin musste das leidende, kaum halbwüchsige Schneeleoparden-Weibchen erst einmal medizinisch versorgt und sorgsam aufgepäppelt werden, ehe es hier im Zoo seinen endgültigen Zufluchtsort fand.

In diese erschreckende Bildvorstellung hinein fühlte ich mich mit einem Mal umfangen von Schwingungen großer Zufriedenheit und Harmonie, die sie mir beruhigend übermittelte. Vorsichtig fragte ich nach: Wie kommst du denn mit deinen Erlebnissen zurecht?

Mein Leben beschert mir vielerlei Erfahrungen. Ich durfte das Wesen Mensch kennenlernen, seine zwei Pole. Von den einen erfuhr ich die dunkle Seite, die Kälte in ihren Herzen, die Einsamkeit und undurchdringliche Verschlossenheit der Schöpfungsliebe gegenüber. Wie traurig, auf diese Weise existieren zu müssen.

Ich war überwältigt von ihrer großen, verzeihenden Seele, die sich trotz erlittenen eigenen Leides und Angst dennoch fähig zeigte, diese Menschen um ihrer selbst Willen zu bedauern. Sie fuhr fort:

Und ebenso durfte ich die gegensätzliche menschliche Seite erfahren: ihre respektvolle und mitfühlende, beschützende Liebe. Die einen haben mir ein Stück Leben genommen und mir meine Freiheit, Selbstständigkeit und körperliche Unabhängigkeit geraubt. Andere wieder geben mir nun diesen verlorenen Teil in veränderter Form zurück. Sie schenken mir jene Lebensbedingungen und Umstände, die mir ein Fortbestehen trotz meiner Verstümmelung ermöglichen. So lernte ich Licht und Schatten eurer Spezies kennen, zwei entgegengesetzte Pole. Das ist die Geschichte meines Daseins, es ist ein reiches Leben.

Hast du keine Sehnsucht nach Freiheit?

Ich war noch sehr klein. Und was vorbei ist, ist vorbei. Ich freue mich an der Gegenwart und schätze voller Dank meine jetzige kleine Welt, meine Familie, diesen heilsamen und angstfreien Ort der Ruhe und des Schutzes ohne Hunger und Überlebenskampf. Und meine wundervolle Existenz geht weiter. Jetzt darf ich neue Sprosse pflanzen für unsere gefährdete Art, darf Kindern Leben schenken. Ich bin dankbar für dieses Dasein und stolz über meine wertvolle Aufgabe hier.

Was sollte ich dazu noch sagen, außer ihr Liebe zu senden und tief empfundene Hochachtung vor der Weisheit ihrer Seele. Heute wurde mir eine denkwürdige Lektion zu geistiger Haltung dem Lebenskreis und seinen Geschöpfen gegenüber erteilt. Ziemlich demütig verabschiedete ich mich von diesem einzigartigen und innerlich wie äußerlich wunderschönen Wesen und ging meiner Wege.

*

Ich hatte Posten bezogen in einer der Einblicksnischen, von der aus ich die Irbis-Anlage überblicken und den wenige Monate alten Sohn des hier lebenden bezaubernden Schneeleoparden-Paares beobachten konnte. Der drollige Kleine folgte seiner eleganten Mutter, die unablässig durch ihr Revier pirschte, ständig nach. Ich versuchte, Verbindung zu ihm aufzunehmen und freute mich, dass er zu einem Dialog mit mir bereit war. Was tust du jetzt gerade? wunderte ich mich über die scheinbare Unrast von Mutter und Sohn.

Wir sind auf der Jagd. Meine Mama spielt mit mir Verstecken und Beute suchen.

Ja, jetzt konnte ich ihr Tun erkennen, sah wie sich die Schneeleopardin ab und zu hinter einen größeren Stein duckte, stehen blieb und mit den Augen das Revier abtastete, um erst in die eine Richtung und dann wieder zur anderen Seite des Geheges zu traben. Der Kleine verfolgte aufmerksam Mamas Bewegungen und imitierte sie. Er folgte ihr auf Schritt und Tritt, versteckte sich wie sie unter Buschwerk, überwand mit großer Fertigkeit Geröll und Unebenheiten und kletterte behände in die künstlich modellierte Felswand und wieder herab.

Manchmal sind wir erfolglos, andere Male finden wir kleine und große Leckerbissen. Es ist spannend, ich tue das gern. Meine Mutter zeigt mir alles und lehrt mich lustige Spiele.

Ist dir auch einmal langweilig, wenn nichts los ist?

Nein, dann liebe ich es, ruhig bei ihr zu liegen, meine Nase in ihrem Fell zu vergraben, Mamas Wärme zu spüren. Mit ihrer rhythmisch massierenden Zunge schickt sie mir Wellen von Kraft und Liebe über meinen Körper und durch mich hindurch. Das ist dann so, als würden wir eins, wie ein einziges Licht. Alles ist hell in mir drin und um uns herum und fühlt sich an wie eine liebevolle Energieblase. So verschmelzen wir und bilden eine Insel, sind an einem anderen Ort und ganz wunschlos.

Wie empfindest du deinen Vater?

Er ist sehr sanft und sehr zurückhaltend. Er ist lieber mit sich allein, fern von den Menschen und zieht sich gern zurück, ins Haus und auch in seine eigene innere Welt. Meine Mutter besucht ihn ab und zu und schenkt ihm ihre Nähe. Sie verstehen sich gut. Aber meist ist Mama bei mir.

Hast du einen Wunsch für dein Leben hier?

Ich möchte mehr Jagderfolge, mehr Leckereien finden.

Ich nehme ihn wie eine kindliche Naschkatze wahr. Es sind Gelüste, kein Nahrungsmangel. Er reagiert auf meine Gedanken:

Wenn ich mit meiner Mutter durchs Revier springe, spüre ich Lust zu essen. Wenn ich ruhe und mit ihr verschmelze, fühle ich keinen Hunger.

Wie empfindest du die Menschen?

Sie schicken mir freundliche Schwingungen. Sie zeigen mir Freude und wie gern sie mich mögen. Das liebe ich. Aber viele Besucher sind zu ungeduldig und unaufmerksam. Ihre Augen sind oft blind, sie übersehen uns und nehmen sich selten die Zeit, sich auf unsere Signale einzulassen, mit denen wir ihre Sinne berühren möchten. Dann hasten sie an unserem Revier vorbei und sind enttäuscht, uns nicht auf den ersten Blick entdeckt zu haben. Aber es gibt ebenso Momente, da Mama und ich in unserer besonderen Verschmelzung ruhen und nicht auf die Menschen und die äußere Welt achten.

Mein Herz war dem reizenden kleinen Schneeleoparden zugeflogen. Ich hätte noch lange seine Präsenz genießen wollen, doch es war Abend geworden, Zeit heimzufahren. So verabschiedete ich mich denn von dem aufgeweckten, liebenswerten Wesen und wünschte ihm viel Freude am Leben. Das würde ich mir für seine ganze zauberhafte Gattung erhoffen.

*

Wieder einmal musste ich mich gedulden, ehe ich einen der Schneeleoparden in ihrer künstlich geschaffenen Hochgebirgslandschaft zu Gesicht bekam. Endlich umrundete der Kater einen Hügel und kam in Sichtweite meines Beobachtungspostens. Lautlos bewegte sich seine geschmeidige Gestalt mit dem überlangen, wundervoll weichen Schwanz durch die Anlage. Zielstrebig erklomm er einen Felsvorsprung. Und sobald er sich hingelegt hatte, eng an die Rückwand geschmiegt und bewegungslos, konnte ich mitverfolgen, wie rasch sich seine Kontur mit den Grauschattierungen des Steins vermischte, sich auflöste und ihn für flüchtige Blicke tarnte. Ich verband mich aus liebevollem Herzen heraus mit ihm und fragte, ob er mir etwas über seine Art und sein Lebensgefühl erzählen mochte. Ich empfing sehr ruhevolle, sanfte Schwingungen von Offenheit, Hingabe und Frieden, von uneingeschränkter Liebe – ein denkwürdiges Gefühl, das mich während unseres gesamten Austausches einhüllte.

Wir sind Teil des Himmels und der Erde. Wir sind dem Licht und den Sternen nah und doch fest mit der Erde verbunden. Unsere Heimat sind die Berge. Der Fels trägt unseren Lauf, fängt unsere Sprünge auf, beschützt uns. Wir ruhen im Gleichgewicht der Schwingungen von oben und von unten. Wir zeigen den Menschen die Harmonie und Ausgewogenheit von

Materie und Geist. Es gibt sichtbare und unsichtbare Energie. Nur die langsamer schwingende nimmt für die Augen wahrnehmbare Formen an. Doch alles ist letztlich Schwingung.

Streckt eure Fühler zum Himmel aus, fühlt den Glanz der Sterne, das Licht und die Liebe der Unendlichkeit, lasst sie in eure Herzen fließen. Spürt wie die Kraft und Wärme der Erde in eure Füße hineinströmt, euch liebevoll erfüllt und euch stärkt. Damit seid ihr eingebunden ins Oben und Unten, in die Vollkommenheit des Seins. Liebe nährt eure Seele. Eurer körperlichen Hülle gibt die Erde Nahrung, Schutz und ein Heim. Körper und Seele wollen beide gepflegt sein, zusammen bilden sie die Ganzheit.

Das müsste doch nicht so unmöglich zu bewerkstelligen sein, streifte mich ein flüchtiger Gedanke.

Ja, es ist viel einfacher als ihr denkt, erwiderte der Schneeleopard sanft.

Öffnet eure Herzen und hebt sie dem Licht und der Liebe entgegen, so wie die Blumen sich der Sonne zuneigen, die ihnen Leben schenkt. Lasst Wurzeln der Achtung und Dankbarkeit wachsen und Teil der Erde werden, deren geliebte Kinder ihr seid, so wie jedes Geschöpf auf ihr es ist. Pflanzen, Tiere und Menschen, alle existieren aus dem Körper und der Seele unserer Erde, genauso wie sie in allen Wesen lebt.

Liebe ist überall, nehmt sie auf und gebt sie weiter. Denn die Liebe ist die Essenz der Schöpfung, der Antrieb allen Lebens.

Der Schneeleopard verstummte, löste sachte unsere Verbindung und entließ mich ins Hier und Jetzt. Die Luft schien sich sogleich kälter anzufühlen. Umso mehr konnte ich das warme liebevolle Wesen und die Weisheit und Erhabenheit dieser einzigartigen Geschöpfe zwischen Himmel und Erde erahnen. Sie sind ein großes Geschenk für den Planeten und die Menschen. Wir sollten ihnen unbedingt Sorge tragen.

Im Bann der Riesenschlangen

Eine große Zahl von Zoobesuchern steht jeweils mit ziemlich gemischten Gefühlen vor den Terrarien im Zoo und beobachtet zwiespältig die riesigen Pythons oder Boas. Vor Schlangen ekeln sich viele Menschen. Meist stellen sie sich die langen Leiber glitschig und unangenehm vor. In Wirklichkeit fühlen sie sich sie warm und trocken an, fast wie ein muskulöser Arm. Ich mag alle Tiere, welche Gestalt sie auch haben mögen.

Das Wetter hatte umgeschlagen. Leichter Nieselregen ließ mit der Zeit eine Visite in den Tierhäusern attraktiver erscheinen, als draußen über die Wege zu flanieren. Ich setzte mich gemütlich vor die Glasscheibe beim dicht mit exotischen Pflanzen bewachsenen Gehege einer riesigen Anakonda. Nur wenige Besucher hielten sich im selben Raum auf mit mir. Unterstützt von der friedlichen Atmosphäre ließ ich mich in tiefe Entspannung und Ruhe sinken und öffnete mich für diese in ihrer Länge beeindruckende, mehr als armdicke Boa. Unverzüglich begann ein Informationsstrom zu fließen.

Wir sind schön, siehst du? Unsere Körper widerspiegeln Licht- und Schattensprenkel am Boden, Farbspiele von grünen Blättern und Erde, von Wurzeln und braunem Holz. Wir sind ein Stück der Natur. Unsere Leiber sind stark und sensibel. Das feinste Zittern des Bodens findet ein Echo in uns, wir schwingen im Atemtakt der Erde. Ihre zärtliche Wärme macht jede Faser unserer Körper geschmeidig, wohlige Bäder in ihrem kühlenden Staub schützen unsere Haut, lindern die Hitze der Sonnenglut. Wir sind getragen und aufgehoben, untrennbar verbunden mit der Erde und ihren verschwenderischen Gaben. Es ist Liebe, die uns umgibt. Wir können sie äußerlich und innerlich spüren. Wir fühlen alles Leben um uns herum mit unseren Körpern.

Willst du damit sagen, du fühlst ein anderes Wesen in deiner Nähe, selbst wenn du es nicht siehst?

Ja, wir riechen es und vor allem spüren wir seine Wärme. Wir leben in der Stille und unsere Augen können nicht gut sehen, unser Leib ist unser Augenlicht. Menschen trauen uns keine

Gefühle zu. Aber wir tragen sogar unsere Kinder in uns und gebären sie wie ihr.

Die Anakonda, eine Neuwelt-Boa, hatte Recht. Ihre Art ist lebend gebärend, nur ihre ebenso riesige Verwandte in Afrika, die Python, legt Eier. Was wohl die häufig negative Reaktion der Besucher auf ihren Anblick für sie bedeuten mochte? Ich fragte sie: Wie fühlst du dich, wenn dich die Menschen mehr mit Abscheu als mit Freude betrachten?

Das berührt mich nicht. Die Menschen finden oftmals auch ihresgleichen abstoßend, manchmal sogar sich selber, denn sie haben Dankbarkeit, Bescheidenheit und Respekt verloren vor dem Wunder des Lebens. Sie urteilen rasch nach ihrer sehr beschränkten, eigenen Meinung und meist nur nach der Oberfläche. Ich weiß, wie wundervoll ich bin und wie schön jede Kreatur ist, jede in ihrer eigenen Weise.

Magst du mir deine Lebensaufgabe erklären?

Schlangen zeigen euch, Verbundenheit mit dem Boden unter euren Füßen zu fühlen. Wir führen euch vor, im Einklang mit der Natur zu leben. Wir lehren euch zu wachsen an den Gaben des Daseins, an seinen Abenteuern und Herausforderungen. Und wenn ihr euch entwickelt habt und stärker, größer, weiser geworden seid, dann sprengt voll Freude einengende Hüllen, lasst Überholtes hinter euch. Auch wir schlüpfen aus der alten Haut wie neu geboren aus einem Kokon in ein frisches, geläutertes Sein, in andere verheißungsvolle Erlebnisse hinein. Macht euch weit und frei, immer wieder von Neuem, seid offen für fremde Wahrheiten und Unbekanntes, neue Erkenntnisse, für eine endlose Entwicklung. Verharrt nicht, geht voran, grenzenlos, furchtlos, bis zum Ende eurer körperlichen Existenz.

Die Anakonda, die bewegungslos in einer eng aufgerollten Schlinge geruht hatte, hob nun ihren Kopf, entwirrte gemächlich die vielen Körperwindungen und streckte langsam ihren geschmeidigen Leib zu beeindruckender Länge aus, um zielstrebig in ihr Wasserbecken hinein zu kriechen. Dort schwamm sie elegant schlängelnd in die hinteren Gefilde des Terrariums. Sie hatte gesagt, was sie übermitteln wollte.

Ich klappte mein Notizheft zu und machte mich auf zu einem weiteren, bei manchem Betrachter verkannten und nicht unbedingt beliebten Tier: dem Krokodil.

Blick auf das Krokodil

Das Schwimmbecken in der Krokodil-Anlage reichte bis an die trennende Glasscheibe zum Besucherraum. Man konnte direkt ins Wasser hinein sehen, das heißt darunter und die Krokodile beobachten, wie sie entspannt und bewegungslos ihre Extremitäten hängen ließen. Nur die Augen und Nasenlöcher ragten über die Wasserlinie hinaus. Ich zog einen Stuhl heran und ließ mich nahe vor einem ruhenden Tier nieder. Das Krokodil blieb reglos im Wasser liegen, es hing geradezu darin, drehte nur leicht seine Augen in meine Richtung und blickte mich an. Ich stellte rasch eine Herzensverbindung her und überlegte mir, ob ich dasselbe Thema wie bei den Riesenschlangen anschneiden sollte: die Frage nach der menschlichen Abneigung. Nicht unerwartet, griff auch er – es war eine fühlbar männliche Energie – direkt meine Gedanken auf. Ich beeilte mich, seine Botschaft zu notieren.

> *Die Menschen lassen sich von Äußerlichkeiten blenden. Darüber vergessen sie, unter die Oberfläche zu schauen. Die Wahrheit aber liegt verborgen in der Tiefe, im Innern eines Wesens. Der Mensch übernimmt fremde Aussagen und Meinungen vielfach unbesehen. Er macht sie zu den seinen, ohne den spannenden Weg selbst erlebter Beobachtungen und Erfahrungen zu gehen und ohne den Versuch, sein Herz zu befragen und eigene Wahrnehmungen zuzulassen. Das bedauern wir Tiere sehr, für uns und mehr noch euretwegen. Denn mit solchem Verhalten verwehrt ihr euch selber den Zugang zu unendlich vielen Entdeckungen und einzigartigen Geheimnissen des Lebens. Aus diesem Grund verwundert es uns nicht, dass mancher Zoobesucher uns mit Abneigung begegnet und uns falsch einschätzt. Unsere Gestalt empfindet er als hässlich und bedrohlich.*

Doch wir freuen uns an unseren starken Körpern mit dem kraftvollen Schwanz. Er lässt uns wendig sein im Wasser und Hindernisse mit einem Schlag aus dem Weg räumen. Krokodile sind zäh und können auch bei schwierigen Bedingungen überleben. Trotz der unablässigen Jagden auf unsere schöne Haut, nach der die Menschen gierten, um sich damit zu schmücken, existieren wir noch immer. Und wir werden auf der Erde bleiben, unsere Zeit hier ist noch nicht abgelaufen.

Wir sind keine Killermaschinen, nur weil wir Beute schlagen und dabei blitzschnell zupacken können mit unseren auffälligen und starken Zahnreihen, die euch Furcht einflößen. Doch diese Zeichen sind nichts anderes als unsere körperliche Möglichkeit, Nahrung zu finden, und das auf jene Weise, wie sie unserer Gattung eigen ist. Mit dieser Gestalt sind wir geboren worden. Wir müssen essen wie ihr. Auch ihr tötet, um zu leben, und oft nicht nur aus diesem Grund. Die Wesen, die sich von uns fangen lassen, sehen sich nicht als unfreiwillige Opfer, sondern wissend, dass sie uns mit ihrem Leib nähren und wir ihnen dankbar sind dafür. Dies ist das Gesetz der selbstlosen Liebe zwischen uns Tieren.

Ich wollte ihn eben nach seinem Nachwuchs fragen, den beiden kleinen Krokodilen, die in der Nähe der Mutter zwischen den Steinen im hinteren Gehegeteil lagen, als er auch schon fortfuhr in seinem Monolog. Er zeigte ein sehr kommunikatives Wesen.

Wir führen den Menschen unser Familienleben vor, damit sie umdenken lernen. Krokodile sind sehr fürsorglich. Wir kümmern uns intensiv um unsere Kinder. Hier im Zoo ziehen wir vor den Augen der Besucher immer wieder Nachwuchs auf. Damit sie unsere wahre Natur zu erahnen beginnen und lernen, auch uns Gefühle und Wissen, eine Seele zuzubilligen.

Krokodile sind sehr alte Wesen. Wir tragen Äonen von Augenblicken der Entwicklung und Veränderung dieses Planeten und seiner Geschöpfe in unserer Seele. Wir halten mit unseren Schwingungen die Erinnerung der Natur aufrecht. Unsere Ur-

väter lebten schon auf der Erde, als sie noch jung war. Unsere Energie erzählt die Geschichte des Planeten seit unzählbaren Krokodil-Generationen bis heute. Wir sind das Gedächtnis des Erdballs. Unsere Schwingungen erfüllen auch eure Zellen und verbinden eure Seelen mit uns und der Erde. Auch ihr seid Teil der Geschichte des Planeten und uns als Geschöpfe näher als ihr denkt. Denn ein Kern von uns lebt auch in euch Menschen, Teile von jedem Tier sind in eurem Wesen vereint. Wir alle gehören zusammen, jede Seele ist Licht und Liebe, ob Mensch oder Tier. Wir haben einen einzigen Ursprung und gehen alle dahin zurück.

Unser Dasein hat die Aufgabe, eure vernunftbegabte Spezies dazu anzuregen, ihr oft zu leichtfertiges Urteil über Krokodile und viele andere Geschöpfe, deren Lebensweisen und Handeln aus eurer Sicht nicht nachvollziehbar und verständlich sind, zu überdenken. Hört auf euer Herz, es spricht die Sprache der Wahrheit.

Das Krokodil verstummte. Sein Blick hielt mich weiter fest und ich fühlte eine große Seele, spürte eine liebevolle unerschütterliche Kraft, als würde ein verständnisvoller Vater sein vertrauensvolles Kind bei den ersten, noch unsicheren Schritten auf dem Weg ins Leben hinein leiten und stützen. Ich fühlte mich beschützt und froh und verabschiedete mich bedauernd von diesem offensichtlich zu Unrecht verkannten Tier.

Grosser Panda im Bambushain

Diese liebenswerten und einzigartigen schwarz-weißen großen Bären rühren wie keine anderen die Herzen der Menschen. Es sind wohl die Sanftheit und Unschuld in ihrem Blick und die runden Gesichter und Ohren, die an kuschelige Teddybären aus der eigenen Kindheit erinnern, welche derart ausgeprägt den menschlichen Beschützerinstinkt wecken. Aus China, dem einzigen Herkunftsort auf der Erde, an dem sie überhaupt in Freiheit leben, dürfen diese seltenen großen Pandas, die sich nur von Bambuspflanzen ernähren, seit langer Zeit nicht mehr exportiert werden. Deshalb existiert mittlerweile in westlichen

Zoos leider nur gerade noch eine Handvoll von ihnen. Betreuer und Pfleger kümmern sich denn auch voll Inbrunst um deren Wohl und Gedeihen, und die Bevölkerung verfolgt unablässig mit regem Anteil ihr Dasein. Es sind sehr sensible Tiere, die in Gefangenschaft nur selten ein Junges gebären und es erfolgreich aufziehen können.

Von Angesicht zu Angesicht mit der unvergleichlichen Präsenz eines dieser Wesen öffnete ich ihm mein Herz und ließ mich genussvoll einhüllen von seiner wunderbar sanften, ruhevollen und friedlichen Energie. Aus meiner intensiven Verbindung heraus wandte ich mich voller Liebe an diesen großen Bambusbären in seinem mollig wirkenden, weißen Pelz mit dem wunderschön kontrastierenden Schwarz an Schultern und Beinen, an seinen kleinen Ohren und den typischen melancholisch anmutenden Augenflecken: Möchtest du dich mit mir austauschen und uns ein wenig über dich und deine Lebensaufgabe erzählen?

> *Mehr noch als andere Tiere auf der Welt lehren wir die Menschen, ihre Mitgeschöpfe und die Umwelt zu achten und zu schützen. Wir sind vollkommen von einer intakten Natur abhängig. Unsere einzige Nahrungsquelle sind Bambuspflanzen, die in regelmäßigen größeren Zeitabständen ihre physische Aufgabe natürlicherweise beenden und ihre Existenz aufgeben. Und je mehr Lebensraum durch eure Eingriffe für uns verloren geht, mit dem stetig fortschreitenden Ausbreiten der menschlichen Zivilisation in unsere Wälder hinein und durch deren Vernichtung für euren Platzbedarf, desto weniger Nahrung und Überlebenschancen werden wir haben. Wenn im Rhythmus der Natur unsere Nahrungsspender absterben, ist das ein natürlicher Kreislauf. Er wird für uns nur zur Gefahr, wenn uns keine Ausweichmöglichkeiten mehr bleiben, in andere Gebiete mit Bambuswäldern umzuziehen, weil immer weniger davon bestehen.*

Das gleichzeitige Absterben ganzer Bambuswälder! schoss mir durch den Sinn. Es ist ein außergewöhnliches Phänomen, dass diese Pflanzen alle paar Jahrzehnte miteinander zu blühen beginnen und danach gemeinsam absterben, als hätten sie ihre Pflicht mit der Abgabe ihrer Samen an die Erde erfüllt. Damit verlieren jedoch alle in jenen betroffenen Gebieten ansässigen Bambusbären, die eben aufgrund ihrer spezialisierten Nahrungsgewohnheiten auch diesen Namen tragen, ihre Lebensgrundlage. Bis die jungen Bambussprosse zu genügend großen Pflanzen anwachsen können, verhungern in solchen Regionen jeweils bis hundert Tiere dieser seltenen liebenswerten und einzigartigen Gattung. Und damit wiederum nimmt ihre, aus höchstens noch tausend Geschöpfen bestehende gesamte Population dramatisch ab. Wie schrecklich! Dies alles lief in Sekundenschnelle in meinen Gedanken ab. Mein sanfter Dialogpartner las in mir und fuhr fort:

So wie diese Tatsache dich sehr betroffen macht, wirkt sie auch auf viele andere Menschen in der ganzen Welt. Wie sehr eure Spezies sich auch von anderen eurer Art getrennt und eine Einstellung von gegeneinander statt miteinander angenommen hat, so ungewöhnlich einig sind sich die meisten Menschen im Bewusstsein, etwas für unseren Schutz unternehmen zu müssen. Damit kann unsere Existenz auf der Erde die Menschheit wieder zusammenschmieden. Ihr fühlt euch den Naturgewalten ohnmächtig preisgegeben. Wir hingegen nehmen diese natürlichen Abläufe nur als Ausdruck einer gegenseitigen Abhängigkeit aller Wesen voneinander wahr, der pflanzlichen eingeschlossen, und sehen sie als Zeichen für die große Gemeinschaft, das Einssein der Schöpfung. Bezogen jedoch auf ein solches aus eurer Warte gefürchtetes Ausgeliefertsein an die Natur, erachtet ihr deshalb unser Schicksal als vergleichbar mit eurem. Diese Vorstellung verbindet eure Herzen mit unserer Gattung enger und führt euch damit ein Stück weit ebenso untereinander wieder zusammen. Gleichzeitig lenkt es euer Bewusstsein auch auf die Natur, ihre Lebendigkeit und ihr schützenswertes Wirken. Und so seid ihr bestrebt uns zu helfen, sucht nach Lösungen und bemüht euch zu handeln, euer Umweltbewusstsein wächst. Dies alles kommt dem ganzen Lebenskreis zugute – uns, der Natur und euch selber. Wir sind sehr glücklich über unsere große und wichtige Aufgabe auf der Erde.

Wie sinnvoll das Signet mit dem großen Panda der weltweit tätigen Tier- und Naturschutzorganisation WWF gewählt war, wurde mir erst deutlich bewusst nach dem Dialog mit meinem Bambusbären hier. Diese Wesen sind es tatsächlich, die mit ihrer außergewöhnlichen Lebensweise Tier, Natur und Mensch am augenfälligsten zusammenführen durch ihre Existenz auf unserer Erde. Und die damit die Menschheit nachhaltig hin zu Gemeinschaftssinn und Liebe beeinflussen können.

Ich schickte meinem seltenen, bewunderungswürdigen Gesprächspartner Liebe und Dank für seine Botschaft und für sein Dasein unter uns – und erhielt sie in einer Woge tausendfach zurück.

Auge in Auge mit Eulen und Geiern

Der Bartkauz

Die heiße Sommersonne trieb mir den Schweiß aus allen Poren. Der kühlste Ort im Zoo hier war bei den Gehegen der Eulenvögel zu finden, die in der schattigen Region von hohen Bäumen angelegt waren. Dieses kleine simulierte Waldstück war mein Ziel.

Stumm und unbeweglich saß der Bartkauz auf seinem Ast, als wachte er auf einem Thron hoch im Baum. Wie ein philosophischer Denker mutete er an. Hätte er nicht plötzlich in typischer Eulenmanier ruckartig den Kopf gedreht, wäre er mir schwerlich aufgefallen im Geäst. Ich nahm erst die Bewegung wahr. Als ich mich auf seinen Blick einließ, spürte ich Weisheit und Willenskraft. Er schien mir direkt ins Herz hinein zu sehen und übermittelte mir seine denkwürdige Botschaft, noch ehe ich meine Frage innerlich formuliert hatte.

> *Menschen sind laut und ersticken mit ihrem Krach den Klang von Wald und Flur. Doch erst in der Ruhe werden die Stimmen der Natur wach. Werdet still und schärft eure Sinne wie ein Radar, dann könnt ihr wie ich die feinsten Regungen wahrnehmen, den Hauch von einem Ton. Ich lausche auf der Winde Lied. Sie flüstern mir Botschaften ein, was in der Welt geschieht. Eulen sammeln Wissen und verbreiten diese Erkenntnisse in der Welt, wir sind Wissensträger.*
>
> *Schaut uns an, wir lehren euch still und wachsam sein, große und kleine Erfahrungsschätze einsammeln auf der Erde. Sie ist*

das Übungsfeld des Lebens und dient euch zur Schulung, damit ihr euch weiter entwickeln könnt.

Wir leiten die Menschen an, zu ihren Träumen zu stehen und trotz Kurven auf der Lebensbahn ihre Ziele vor Augen zu sehen. Denn wer keine Wünsche hat, irrt planlos durch die Zeit seines Daseins. Doch jeder Augenblick im Leben hält Erfüllung bereit. Wir peilen unsere Ziele stets flugbereit an.

Erst wenn die Menschheit nicht mehr taub und blind durch ihr Leben hastet, wird sie weiser werden. Der Erdball trägt schon zu viele Narben, Tierarten sterben aus, der Regenwald wird tot gesägt. Wann lernt der Mensch daraus?

Der Bartkauz sprach sehr eindringlich. Doch seine Ermahnungen enthielten weder Tadel noch Anschuldigung. Tiere zeigen wertungsfrei stets nur Tatsachen auf. Sehr nachdenklich verließ ich sein Revier und flanierte gemütlich weiter auf dem Weg unter den herrlich kühlen Schatten spendenden Bäumen in der kleinen Welt der großen Vögel.

Europäischer Uhu

Ich fühlte mich schon seit dem Morgen ein bisschen nervös. In der Hoffnung, hier meine Anspannung ablegen zu können, war ich auch heute in den Zoo gefahren, trotz der seit Tagen herrschenden Sommerhitze. Würde ich gleichwohl offen genug sein für klare Botschaften von den Tieren?

Einmal mehr suchte ich die Region der schattigen Vogelanlagen auf, um der größten Hitze zu entfliehen.

Mit einem nicht oft zu hörenden „Schuuh-Huuh“ rief mich der Uhu zu sich. Ich folgte seiner Aufforderung, öffnete ihm mein Herz und verband mich mental mit ihm: Möchtest du mir etwas sagen? Er nahm sogleich meine Nervosität wahr, wie könnte es anders sein, und empfahl mir postwendend:

Entspanne dich, konzentriere dich auf den Augenblick mit mir. Du bist ein Buch mit leeren Seiten, die sich füllen, wenn du ganz still wirst. Sieh rundum, höre um dich herum, so wie ich das tue. Öffne alle deine Sinne. Sie sind das Tor zur inneren

Welt, zur Verbundenheit mit allem. Du weißt es, aber schreib es auf für andere Menschen, die dies lesen. Es ist unendlich wichtig.

Macht eure Herzen weit, legt alle Hektik, Ärger, Missgunst und Kälte ab. So viel Weisheit und Schönheit ist um euch herum, nehmt die Gaben eures Daseins an und freut euch darüber. Je mehr Freude ihr zulässt, desto mehr Liebe sendet ihr aus. Wichtigstes Ziel ist es für euch, diese Gefühle wieder zu finden. Lernt zu leben. Denn ganzheitlich leben, nicht bloß vegetieren, ist der Sinn eurer Existenz. Wahrhaftig leben heißt lieben, alles um euch herum, auch euch selber. Und was man liebt, schützt man. Ihr kennt den Spruch, fühlt ihn aber nicht.

Je mehr ihr eure äußere Umwelt perfektioniert und euer Leben automatisiert, desto tiefer verschließt ihr die jedem Wesen angeborene Lebensfreude und entfernt euch aus dem von Liebe getragenen Schöpfungskreis in die Einsamkeit. Statt an Äußerlichkeiten zu kleben und ihnen immer mehr Wert beizumessen, euch mit ihnen zu identifizieren, schaut mit dem Herzen und schenkt voll Freude all den Wundern des Daseins eure ehrliche Aufmerksamkeit und Achtung. Denn Freude heißt Liebe. Und die Liebe ist der Schlüssel zur großen Gemeinschaft allen Seins. Schließt das Tor auf, wir warten lange schon auf euch.

Nun war ich tatsächlich vollkommen ruhig geworden. Der Austausch mit dem Uhu war sehr intensiv gewesen. Wie jedes Mal bei einer telepathischen Kommunikation hatte ich das Zeitempfinden völlig verloren. Mein Verweilen vor dem Vogelgehege dauerte in Wahrheit nur kurz, doch das Gespräch erschien mir wie eine längere Reise zu einem wundervollen Ort. Die starken liebevollen Schwingungen, die jedes Mal während einer mentalen Verbindung fühlbar vom jeweiligen Gesprächspartner ausgingen, umschlossen mich stets wie eine sanfte schützende Hülle von friedlichem Aufgehoben sein. Ich verließ sie am Ende eines Austausches nur ungern wieder.

Zwischenhalt beim Aasgeier

Auf dem Weg zu den Eulen passierte ich das Gehege der Geier mit ihren lustigen fedrigen Halskrausen. Plötzlich stieg mir der typische Geruch von altem ungenießbarem Fleisch unangenehm in die Nase und ich beschleunigte den Schritt. Ich respektiere jedes Tier und seine Lebensart, doch diesem strengen Aroma wollte ich rasch ausweichen, es erfüllte mich mit Widerwillen. Dennoch war ich neugierig, ob diese Vögel mir etwas zu ihrer Nahrung zu sagen hätten. Wohlweislich ließ ich mich auf einer etwas entfernten Bank nieder. Die telepathische Verbindung kam sofort zustande und ich empfing Schwingungen von Zufriedenheit und Lebensfreude, von Dankbarkeit und Bescheidenheit, als sie sich erklärten.

Wir Geier töten nicht, wir verwerten verwesende Körper. Unsere Aufgabe ist es, die Erde zu reinigen. Wir lassen keinen zurückgelassenen Körperteil verkommen. Der Geruch, der euch Menschen abstößt, zieht uns an, denn er symbolisiert Nahrung und Überleben für uns. Er ist so intensiv, damit er weit trägt und sein Signal uns auch aus der Entfernung erreicht. Für uns ist Aasgeruch schön und wertvoll. Er verkörpert ein Vermächtnis an uns von Wesen, welche die Erde bereits verlassen haben. Denn dieser Geruch ruft uns zu ihrer abgestreiften Hülle, er leitet uns zur Nahrung, die unser Leben ermöglicht, und dies ohne dass wir sie mühselig erjagen müssen. Dafür sind wir dankbar. Wir lieben und schätzen unsere Form von Dasein.

Im Geheimen war ich ein wenig beschämt über mein Naserümpfen. Der Geier reagierte sogleich mit einer deutlichen Schwingung von Verständnis für meine menschliche Ansicht dieser Duftnote und illustrierte seine Erklärung noch einmal:

Genau so, wie die Botschaft eines Parfüms euch als lieblicher Gruß von den Blumen erscheint und euch erfreut, so erreicht Aasgeruch wohltuend unsere Sinne. Er ist ein Geschenk. Nicht anders als der süße Duft von Blumen eine Gabe ist für euch, ein Geschenk der Natur an eure Seele.

Wieder einmal zeigte sich hier, wie rasch der Mensch, auch ich, bereit ist, nach seinen Kriterien zu werten ohne zu bedenken, dass seine

Ansichten nur eigene Erfahrungen widerspiegeln können und nicht allgemeine Gültigkeit haben. Doch selbst wenn uns diese Unart bewusst sein mag, vergisst man sie leicht, denn leider ist sie, meistens jedenfalls, unsere zweite Natur.

Ausflug in die Steppe zu den Zebras und Antilopen

Steppenzebras

Die hübsch schwarz und weiß gestreiften Zebras boten schon von Weitem gesehen ein dekoratives Bild in ihrer steppenähnlichen, kargen Anlage. Tigerpferde werden sie ihrer Fellzeichnung wegen von den Kindern auch gern genannt. Ich malte mir aus, wie es wäre, auf ihnen mit fliegenden Haaren durch die Steppe zu reiten. Es war ein reines Gedankenexperiment. Doch in Sekundenschnelle, kaum hatte ich mich mental auf sie eingestellt, gingen die Zebras auf meine Vorstellung ein.

> *Wir lassen uns nicht domestizieren. Wir sind freie, wilde Wesen, ganz eingebunden in die Natur. Wir fliegen im Galopp durch Hitze und Regen, wir atmen den Wind der Freiheit ein. Ihr habt andere Pferdewesen, die sich mit euch zusammengeschlossen haben, um euch vieles zu lehren, vor allem über euch selber: die großen Reit- und die Zugpferde, die euer Leben teilen, ebenso wie die kleinen Ponys und die Esel. Alle haben bestimmte Aufgaben bei und für euch.*

Was ist denn eure Aufgabe im Zoo?

> *Wir leiten euch an, die Gesamtheit wahrzunehmen, das große Ganze. Unsere Gestalt zeigt Hell und Dunkel, unser Fell ist gestreift. Es symbolisiert das Dasein. Ihr fragt euch manchmal, ob es nun schwarze Streifen auf weißem, oder weiße Streifen auf schwarzen Grund wären. Das ist einerlei. Es sind die beiden Aspekte des Lebens. Und sie sind untrennbar verbunden, denn ohne das eine zu sehen, könntet ihr dessen Gegenteil nicht wahrnehmen. Ihr nennt dies Dualität und leidet darunter, weil ihr euch auf die Teilaspekte fixiert und das Ganze aus den Augen verliert. Sobald ihr die Dunkelheit kennenlernt und deren*

Erfahrungen macht, lehnt ihr euch dagegen auf. Doch anders würdet ihr das Licht nicht sehen. Das Leben ist wie unsere Gestalt. Wenn ihr euch auf die einzelnen Streifen fokussiert, verwirren sie euch und ihr verliert die Orientierung. Ändert ihr jedoch den Blickwinkel und nehmt die Gesamtheit unserer Form wahr, erkennt ihr deren Schönheit und Harmonie, ihre Vollkommenheit. So ist auch das Leben: in seiner Ganzheit vollkommen.

Ich ließ meine Augen über die Zebrakörper streifen und entdeckte plötzlich bei einem Tier kleine Fellnarben. Woher stammen diese? wollte ich wissen.

Sie sind Zeichen für unsere körperlichen Erlebnisse, für Kämpfe und Reibereien. Wie jedes Geschöpf müssen auch wir uns als Zebrawesen in unserem physischen Körper auf der Erde erfahren, in der Dualität. Tier zu sein und in der liebevollen Schöpfungsgemeinschaft zu ruhen, heißt nicht automatisch, stets sanftes und friedliches Verhalten zu zeigen. Das Leben hat viele Schattierungen. Es schenkt Ruhe und erfordert ebenso, sich behaupten zu können. Wir sind wehrhafte Tiere. Im Unterschied zum Menschen aber handeln wir immer im Einverständnis mit den anderen beteiligten Wesen, es gibt keine unfreiwilligen Opfer. Wir testen uns und unsere starken Körper mittels kleiner Kämpfe untereinander, es ist ein Ausloten unserer Kraft. Alles hat einen Sinn. Wir geben uns ganz dem Abenteuer hin, Zebra zu sein. Wir lieben unser Dasein ohne die Vorbehalte, welche der Mensch seinem Leben gegenüber hegt, sobald ihm gewisse Erfahrungen negativ erscheinen. Denn wir sehen die Schönheit unserer Existenz in ihrer Gesamtheit.

Plötzlich bewegte sich die kleine Zebraherde eilig zu ihrem Stall hin. Dort war soeben ein Wärter dabei, den Tieren Heu auszulegen. Ich steckte mein Notizheft weg und freute mich ebenfalls auf einen Imbiss im Zoorestaurant.

Oryx-Antilopen

Auf meinem heutigen Rundgang durch den Zoo blieb ich voll Freude bei den wunderschönen, fast weißen Oryx-Antilopen mit der dunklen Gesichtszeichnung und ihren schlanken, überlangen Hörnern stehen, denn sie hatten Familienzuwachs bekommen und zogen drei Jungtiere auf. Das Geschenk dieser Geburten konnte nur ermessen wer wusste, dass diese Tiere vor gut 30 Jahren in Freiheit völlig ausgerottet worden waren und damals nur noch mit wenigen Exemplaren in verschiedenen Zoos und Privatbesitz rund um den Globus weiter existierten. Ich wandte mich an die ganze Gruppe der äußerst seltenen, genügsamen Spießböcke – ihren Namen verdanken sie den bedrohlich langen und spitzen spießförmigen Hörnern – und fragte, ob sie sich zu diesem traurigen Umstand äußern möchten. Sie zeigten sich erstaunlich willig, bereit, so als hätten sie nur auf die Gelegenheit gewartet, ihre Aussagen dazu loszuwerden:

Dieses dramatische Ereignis trägt zwei Gesichter. Das eine zeigt im ganzen tragischen Umfang, wie weit der Mensch bereit zu gehen ist für sein Vergnügen, sein Ansehen, seinen Egoismus. Er hat uns getötet aus purer Lust an der Jagd. Er verfolgte uns um unserer Hörner willen, diesen aus unserer Vernichtung geraubten Trophäen, die ihn als großen, unschlagbaren Sieger ausweisen sollten. Als erbarmungslos der letzte Schuss fiel und mit ihm das einzige, noch durch die arabischen Wüsten flüchtende Geschöpf, ging ein Aufschrei durch unsere Spezies und sein Echo widerhallte über dem ganzen Erdball.

Um Himmels willen, dachte ich aufgewühlt und beschämt, doch die Antilopen hießen mich abwarten, bis sie sich vollständig erklärt hätten und fuhren fort:

So ist es immer, wenn eine Art endgültig stirbt, unwiederbringlich vom Antlitz unseres Planeten verschwindet und eine unersetzliche Lücke ihrer Energien hinterlässt. Auch wenn ihr es weder hören noch sehen könnt. Die Natur trägt Trauer über des Menschen Unwissenheit, über den sorglosen, gedankenlosen Umgang mit seinem Heim und seiner ganzen großen Familie: mit seinen Geschwistern, die er verlernt hat zu lieben, ja überhaupt wahrzunehmen und zu erkennen. Denn die Erde mit ihren Wassern und Pflanzen ist des Menschen Zuhause – er hat kein anderes. Doch er merkt es nicht. Und die Tiere, Kreaturen aller Formen und Größen, sind seine Brüder und Schwestern – er ist untrennbarer Teil dieser einen Familie, dieser zusammenhängenden Einheit, ob er es will oder nicht. Doch er fühlt es nicht. Mit lockerer Hand löscht er Leben, ganze Lebensformen aus. Er greift in den reibungslos funktionierenden Lauf der Natur ein, bringt die Harmonie des Schöpfungskreises aus dem Gleichgewicht und kann uns alle in eine Krise treiben.

Eine schonungslos offene, aber leider allzu wahre Aussage. Doch ich verharrte still und die Antilopen überraschten mich mit ihrer unerwarteten Interpretation dieses Trauerspiels:

Jede Krise ist gleichzeitig eine Chance, das weißt du. Und dies mag dir nun das andere Gesicht des dramatischen Umstandes unseres Untergangs zeigen: Als nämlich damals die erschütternde Kunde über unsere Ausradierung aus dem Buch der Natur in des Menschen Verstand einzusickern begann und ihm die Konsequenzen seiner unwiderruflichen Tat vollumfänglich bewusst wurden, wachte er auf, viele von euch öffneten ihre Augen. Und sie bildeten eine Gemeinschaft im Geist und beschlossen einen groß angelegten Versuch, ihr zerstörerisches Tun rückgängig zu machen. Aus den diversen Zuchten in Zoos und Privatbesitz bildeten sie eine kleine Weltherde unserer Gattung und entließen diese in die Freiheit unserer Heimat, die Arabischen Wüstengebiete. Dort lebten unsere Ahnen künftig ein natürliches Leben im Familienverband, unter den schützenden Augen ihrer menschlichen Gründer, und ihre bescheidene Herde wuchs bis heute langsam an. Dies wundervolle Experiment, das nur aus Respekt und Achtung für die Schöpfung erwachsen konnte, ist gelungen, weil der Mensch vielerorts zu seinem Herzen und zur Liebe zurückgefunden hat. Und dieses andere Gesicht, ein schützendes, sorgendes und liebesfähiges, nötigt uns Achtung vor den Menschen ab.

Gib diesem beispielhaften, erfolgreichen Akt Raum in deinem Buch. Denn es ist eine Geschichte, die uns froh stimmt und die Menschen stolz machen darf. Euer Handeln ist für unseren Lebenssinn meist unverständlich, doch solche Taten und Anstrengungen zeigen euren wahren Kern, das Feuer der allgegenwärtigen, uneigennützigen Liebe, welche die ganze Gemeinschaft der Schöpfung verbindet und zusammenhält. Wir Tiere helfen euch, diesen leuchtenden Kern heraus zu schälen aus den vielen harten und dunklen Schichten von Angst und Zweifel, Trauer, Wut und Gier, die ihr um euer Herz gesponnen habt und die eurer Liebe und euch selber zum kalten einsamen Gefängnis geworden sind.

Diese freundlichen Worte der großmütig verzeihenden Antilopen berührten mich sehr. Obwohl ich wusste, dass die ohnehin nur in spärlicher Zahl frei lebenden Tiere ihrer Spezies inzwischen bereits wieder bedrohlich dezimiert wurden von uneinsichtigen Jägern, blieb dieser menschliche Rückfall von meinen Gesprächspartnern unerwähnt. Ihr Glaube an den guten Kern im Menschen vermittelte auch mir Hoffnung für die wunderschönen Oryx-Antilopen und die Zukunft aller Wesen auf der Erde.

Begegnung mit Manul und Streifengans

Der Manul

Wer vor dem Gehege dieser seltenen Art einer asiatischen Wildkatze stehen blieb, musste sich mit Geduld wappnen. Nicht oft zeigte sich das wunderschöne Tier in seinem dichten gelblich bis bräunlichgrauen Pelz mit der undeutlich verwischten Tigerzeichnung und dem buschigen Schwanz. Meist versteckte es sich in einer der kleinen Höhlen in seinem steinigen Revier. Und sollte der Manul tatsächlich einmal vom Felsblock hinter den in seiner Anlage angebrachten Baumstrünken hervorlugen und sich ganz still und bewegungslos verhalten, übersah man ihn meist trotzdem. Die Farbschattierungen von Steingrau bis zum hellen Braun von ausgebleichtem Holz bildeten die perfekte Tarnung für das scheue Tier. An diesem denkwürdigen Tag hatte ich Glück. Die wildkatzengroße, gedrungene Gestalt des schönen Geschöpfes mit den flachen, kleinen Ohren am eher breiten Kopf, dessen Lebensgewohnheiten bisher noch wenig erforscht werden konnten, weil es so selten ist und scheu, promenierte ganz unerwartet vor meinen Augen durch sein Revier.

Ich versuchte auch mit ihm eine Herzensverbindung aufzubauen, vielleicht war der überaus vorsichtige und zurückgezogen lebende Manul einem Dialog mit mir gewogen? Ich fragte ihn:

Wie fühlst du dich im Zoo? Was hast du für eine Aufgabe? Ich fing ein Gefühl von Verwunderung auf über die Tatsache, dass ein Mensch ihn in telepathischer Weise ansprach, und erhielt eine unerwartet erfreute und bereitwillige Erwiderung auf meine Fragen.

Ich bin ein Lehrer der Achtsamkeit für die Menschen. Ich fordere sie heraus, aufmerksam zu sein allem gegenüber und neugierig darauf, was jeder Augenblick im Dasein bergen mag. Ich leite sie an, wahrzunehmen, was auf den ersten Blick nicht erkennbar ist. Das Leben hält für jeden, der offen ist und sich dem Moment mit allen Sinnen hingibt, so vieles bereit. Auch in kleinen Dingen liegt Großes.

Meine Gestalt ist gut getarnt in meinem Revier. Menschen, die unaufmerksam und rasch vorbei hasten, sehen mich nicht. Wer ungeduldig und mit flüchtigem Blick eilig an meinem Gehege vorbei pilgert, kann das Vexierbild meiner optischen Verschmelzung mit der Umgebung nicht lösen.

Oftmals bist du aber nicht präsent in dem Anlagenteil, der für Zoobesucher einsehbar ist.

Auch mein Bedürfnis nach Ruhe und Abgeschiedenheit hält eine Lehre bereit für den Menschen. Es gibt Zeiten für Rückzug und Zeiten für Öffnung. Deckung ist gut zum innehalten und unbedingt notwendig. Andererseits muss, wer leben will, seine Deckung ebenso zwingend immer wieder verlassen. Wer sich ernähren will, muss handeln. Wenn euer Bauch Hunger hat, müsst ihr Essen suchen, euer Versteck verlassen, euch Sturm und Regen aussetzen. Desgleichen muss, wer Erkenntnisse gewinnen will, neue Abenteuer wagen, das Leben an sich heran-

lassen. Auch euer Geist braucht Nahrung. Traut euch, Erfahrungen zu suchen, euch Herausforderungen zu stellen. Vertraut dem Leben, es will stets euer Bestes. Es nährt und stärkt euch, treibt eure Entwicklung voran. Lasst nicht zu, dass Angst aus dem Kopf euch hemmt zu leben. Das tun Menschen viel zu oft. Das Leben ist ein Fluss, der euch von einem Wunder zum anderen trägt, von einer Erkenntnis zur anderen. Leben ist grenzenloses Lernen, unendliche Möglichkeiten ausschöpfen. Grenzen setzt ihr euch höchstens selber.

Der Manul warf mir einen letzten Blick zu und verschwand hinter den Baumstämmen. Ich freute mich sehr, dass er sich mir so auffällig gezeigt hatte. Er wollte es wohl so, damit ich seine Lehren erfahren konnte. Sie enthielten große Wahrheit.

Mir war aufgefallen, dass es zwei Arten gab, wie die Zootiere unsere Aufmerksamkeit erheischen konnten. Die einen zwangen uns, vor ihren Revieren innezuhalten und geduldig, konzentriert und mit achtsamem Blick nach ihnen auszuspähen, indem sie sich rar und fast unsichtbar machten. So wie beispielsweise der Manul.

Andere Tiere taten das Gegenteil. Wer achtlos an ihnen vorbeigehen wollte, den machten sie mit auffälligem Verhalten und Lärm auf sich aufmerksam, wie ich es bei der Streifengans erleben konnte.

Die Streifengans

Gemächlich schlenderte ich den Weg entlang, bis mein schweifender Blick auf eine hübsche Streifengans fiel, die einsam durch ihr kleines Reich watschelte. Ach, die Arme ist ja ganz allein! bemitleidete ich sie sogleich in Gedanken und blieb besorgt stehen.

Ich bin keineswegs arm. Ich bin schön, wichtig und habe viel zu tun mit euch Menschen. Mitleid ist nicht angebracht, kommentierte sie meine Gemütslage unverblümt.

Ein bisschen pikiert, schließlich lag mir ja ihr Wohl am Herzen, verteidigte ich mich: Ich meinte bloß, du fühlst dich einsam. Ist dir nicht langweilig? Besänftigend fuhr sie fort:

Denke nicht zuviel. Es ist dein Kopf, der dir selbst erdachte Phantasien vorgaukelt, sich illusorische Sorgen macht an meiner Stelle. Dein Herz weiß es besser. Schalte deinen Verstand aus und das innere Spüren ein, fühle mit mir meine Wahrheit. Was nimmst du wirklich wahr?

Eilig befolgte ich ihre Empfehlung, öffnete Herz und Sinne weit und spürte auch schon die Antwort: Ich nahm ihre Persönlichkeit als stark und wissend wahr, bereitwillig und gerecht, eine Führernatur, die in Harmonie war mit sich und ihrem Dasein. Den Begriff Langeweile konnte ich definitiv streichen.

Siehst du. Mein Leben hier ist spannend, meine Aufgabe groß. Die Zoobesucher fordern mich unablässig, betonte sie – was sich auch sogleich zeigte:

Drei Schüler näherten sich, bedeutend mehr interessiert an privaten Plänkeleien und ihrer eigenen Welt als am Zoo. Die Streifengans stürmte laut schnatternd auf die Jugendlichen zu und rannte mit gerecktem Hals und offenem Schnabel an ihrem Grenzzaun entlang, neben den überraschten und schlagartig verstummenden Burschen her. „Die ist aber rabiat!“ tönte es ein klein wenig erschrocken. „Was für ein genervtes Exemplar ist denn das?“ Und tatsächlich wurde daraufhin die Beschriftungstafel konsultiert. Meine Gesprächspartnerin meinte befriedigt:

So, jetzt sind sie aufmerksam und bereit für die Tiere. Viele Menschen muss ich aufwecken aus ihrer Unachtsamkeit und Abgelenktheit und sie auf unsere Ebene holen. Wozu sonst kommen sie in den Zoo, wenn nicht, um uns auch wirklich zu sehen und zu erspüren?

Ich überlegte mir gerade heimlich, ob diese drastische Methode des Aufrüttelns wirklich überall angebracht wäre, als ich auch prompt vernahm:

Jetzt malst du ein Gedankenbild und wertest es. Habe ich dich denn erschreckt? Oder diese beiden Kinder hier?

Aber nein, räumte ich eilig ein und sah zu, wie die hübsche Streifengans ganz sanftmütig am Zaun vor zwei inzwischen näher getretenen

Knirpsen stehen blieb und sich, unter Aufsicht von deren Mama, friedlich ein Löwenzahnblatt reichen ließ.

Solche Augen und Herzen brauchen nicht geöffnet zu werden. Sie sind schon bereit für die Verbindung zu uns Tieren. Menschen machen sich zu rasch selbst kreierte Vorstellungen. Bleibt wertfrei und stets im Moment präsent, nehmt in euch auf, was diese kostbaren Augenblicke schenken und was sie euch lehren.

Welche Methoden die Tiere auch anwenden mochten, um Aufmerksamkeit zu erlangen und die Herzen der Zoobesucher zu erreichen, ihre Lehren waren immer anschaulich und sehr hilfreich. Sie konnten uns Menschen den Weg ebnen zum Verständnis der größeren Zusammenhänge des Lebens.

4
Tierische Lektionen

Immer wieder vermittelten mir die Zootiere im Vorbeigehen kleine lehrreiche und tiefsinnige Lektionen, die sie mir empfahlen aufzuschreiben für mein Buch, damit sie viele Menschen erreichen würden. Ich habe die Aussagen von Zwergwachteln, einem Känguru, allerlei Vogelvertretern, Pavianen und einer Maus hier für Sie notiert.

Zwergwachteln

Nachdenklich stand ich vor den frisch geschlüpften Zwergwachteln, die im Gehege herumwuselten, als wären sie schon lange auf dieser Welt. Ich wunderte mich, wie es möglich war, dass derartige Winzlinge vom ersten Moment an ihr Leben im Griff hatten.

Warum denn nicht?

kam prompt eine telepathische Antwort, und sie übermittelten mir ein intensives Gefühl großen Vertrauens und Neugier auf die Erfahrungen in ihrem neuen Dasein.

> *Wir freuen uns über unsere Gestalt und sind fähig, sicher und selbstständig zu funktionieren, weil wir keine Zweifel haben, es zu können. Wieso sollten wir auch? Wir sind vollständig und wunderbar und wissen das. Denkt nur an die Vögel. Sie können fliegen, weil sie daran glauben. Zweifel sind von Menschen geschaffen und gehören nicht zum Leben. In der Verbindung eurer Herzen zur Schöpfung kommen sie nicht vor. Ihr erschafft sie in euren Köpfen und merkt nicht, dass ihr euch von einem Phantom beherrschen lässt, welches eure Sicht auf die Wahrheit vernebelt. Und meist wisst ihr nicht, wie ihr dieses Gespenst wieder loswerdet. Seid weniger in euren Köpfen verhaf-*

tet, besinnt euch mehr auf eure Herzensverbindung. Denn dort lösen sich alle Zweifel auf.

Bartkauz

Auch der Bartkauz hatte eine wichtige Botschaft für uns alle:

Der Mensch lässt sich fesseln von der Zeit und lebt verstrickt in einer Illusion. Er ist angekettet an seine Vergangenheit, an Altes, Überholtes. Desgleichen legt er sich selbst Schlingen um, die an seine Zukunft geknüpft sind, freiwillig festgezurrt an Mögliches, Erdachtes. Wo liegt da der Sinn?

Das Vergangene ist vorbei und hat mit dem Heute nichts mehr zu tun. Und künftige Situationen entstehen allein in eurer Phantasie und sind gefärbt von Furcht vor dem Ungewissen.

Die Wahrheit aber liegt einzig im Moment gerade jetzt. Nur der Augenblick trägt die Erfahrung, euer wahres Leben in sich.

Pfau

Stolz präsentierte der Pfauenhahn sein aufgefächertes Rad mit den einzigartigen grün-blau-golden schillernden, unzähligen Feder-Augen. Damit imponierte er nicht nur seinen Hühnern, er zog auch die Zoobesucher in seinen Bann:

Ich nutze meine äußere Schönheit, um auf der Bühne dieser Welt im Rampenlicht zu sein und lasse mich gern bewundern. Meine Selbstdarstellung lehrt euch, zur eigenen Schönheit zu stehen, euren Wert zu sehen und zu schätzen. Zeigt euch und eure Gaben. Wärmt diese Welt mit eurem Licht. Zeigt eure innere Schönheit und achtet desgleichen die von anderen Geschöpfen. Schaut immer auch unter die Oberfläche, hinter die Dinge. Erst dort findet ihr die Wahrheit.

Papageien

Schrill krächzend saßen die bunten Papageien im Baum und leuchteten rot, blau und grün aus den Ästen. Auch sie hatten etwas zu sagen:

Wir tragen Farben in die Schöpfung, kräftige bunte Energie, die neue Impulse gibt. Unsere Buntheit soll euch auffordern, Farbe in euer Leben zu bringen. Nehmt euch die Freiheit, Entdeckungen zu machen, Abenteuer zu erleben. Ihr nennt den Alltag grau. Es liegt an euch, ihn einzufärben. Das Leben steht euch offen. Einschränkungen gibt es keine, außer jenen, die ihr selber aufstellt. Grenzt euch nicht ein. Wagt Neues, erfahrt die Wunder des Daseins. Das Leben ist bunt.

Spatzen

Spatzen sind allgegenwärtig, auch im Zoo. Ich mag sie sehr, die kecken, fröhlich tschilpenden Federbällchen. Als ein paar besonders Mutige im Gartenrestaurant auf meinen Tisch flogen und nach Krümel pickten, öffnete ich ihnen mein Herz und vernahm:

Lacht, tanzt, singt und springt, Freude ist überall, nehmt sie auf und gebt sie weiter. Geht in die Natur hinaus, öffnet alle Sinne und die Fenster eurer Seelen. Denkt nicht nur, fühlt, schaut, hört und riecht, was um euch herum existiert. Jeder Moment ist schön, in jedem Augenblick findet ihr Wunderbares und Wichtiges, jeder ist kostbar und zu schade für Angst und Streit. Es gibt keine schlechten Momente, sie sind nur eine Frage des Sichtwinkels.

Wohin ihr auch geht, wir sind in Busch und Baum um euch herum präsent und erinnern euch immerzu: Tut es uns gleich und lebt froh im Jetzt!

Känguru

Als ich vergnügt die kleinen Kängurus bewunderte, wie sie fröhlich durch die weite Wiesenlandschaft hüpften, führten sie mir ihren Rat gleich anschaulich vor:

Steht fest mit den Füßen auf der Erde. Dann könnt ihr große Sprünge tun. Hüpft mit offenen Sinnen und Herzen durchs Leben, bleibt nicht stehen. Auf eurer Suche nach Erkenntnis seid neugierig, hüpft von Antwort zu Antwort. All eure Fragen finden eine Lösung, wenn ihr sie mit dem Herzen stellt.

Paviane

Ich verfolgte amüsiert das wilde, lustige Treiben der Paviangruppe, als ein paar Besucher neben mir sich voll Abscheu über die rötlich angeschwollenen Affenhintern äußerten. In der Natur ist dies ein kluges Signal dafür, dass Paviane paarungsbereit sind. Für die Mitglieder der Affenfamilie wirkt diese auffällige Pracht sehr attraktiv. Nur Menschen können solche Hintern als unästhetisch empfinden. Die Respektlosigkeit der Zuschauer ärgerte mich ein wenig, worauf die Tiere ungerührt meinten:

Dies ist bloß ein menschliches Beispiel mehr, von unverstandenen Äußerlichkeiten zur Wertung verführt zu werden. Schönheit ist relativ. Menschen sind rasch negativ eingestellt gegenüber Fremdem oder aus ihrer Sicht Unschönem. Das zur Schau stellen eines Hinterteils rührt bei vielen von euch an ein überliefertes Tabu, das ihr selbst aufgestellt habt. In euren zivilisierten Augen ist dies ein Regelverstoß. Tiere kennen solche Schamgefühle nicht. Jeder Aspekt, jeder Teil eines Geschöpfes ist wertvoll.

Eine Form, die nicht euren vertrauten Vorstellungen entspricht, untergräbt schnell eure Sicherheit. Ein behinderter Körper sogar eurer eigenen Spezies beunruhigt euch, als wäre er eine Gefahr. Ihr wisst nicht damit umzugehen, also stößt ihr ihn weg, weicht ihm aus und verschließt nach Möglichkeit eure Augen davor. Doch dies sind alles Äußerlichkeiten. Auch die Seelen in solchen Körperhüllen sind vollkommen. Seht tiefer. Lasst nicht den Kopf und die Gewohnheiten urteilen, lasst das Herz sprechen.

Feldmaus

Während eines meiner beschaulichen Streifzüge durch den Zoo sah ich für eine Sekunde ein kleines Mäuschen vor mir über den Weg huschen. Ich freute mich über die unerwartete Begegnung und fühlte es zurücklächeln.

Schön, dass du mich entdeckt hast. Deine Augen und dein Herz sind offen. Wir sind winzige, unscheinbare Wesen, aber auch wir können im Untergrund nachhaltig wirken. Jedes Wesen hat seine Macht und Möglichkeiten, den Lebenskreis zu beeinflussen und zu stützen, so klein es auch sei. Durch mein bloßes Dasein konnte ich dich froh machen. Freude ist eine starke Energie, deren Schwingungen positive Auswirkungen haben auf das ganze Schöpfungsgefüge. Alle Wesen tragen die Kraft und die Liebe in sich, das Leben auf der Erde zu verschönern, auch du.

5
Tiere im Zirkus

Wie die wilden Tiere im Zoo sind auch die Zirkus-Tiere nicht domestiziert, also keine Haustiere. Und doch sind sie auf gewisse Weise ebenso eng mit den Menschen verbunden. In meinen mentalen Gesprächen mit dem einen oder anderen Tierakrobaten in der Manege und im Zirkus-Zoo zeigte sich, dass ihre Haltung den menschlichen Trainern gegenüber etwas anders ist als diejenige der mit uns zusammen lebenden Haus- und Kuscheltiere. Die Zirkustiere verstehen sich als ebenbürtige Partner, die mit den Menschen auf ein gemeinsames Ziel hin arbeiten.

Das wurde deutlich, als ich mich mit einer Gruppe edler Dressurpferde austauschen durfte. Während der Proben zu einer Dressurnummer mit akrobatischen Ritten auf den Pferderücken, schenkten mir die wunderschönen stolzen Pferde ein Gespräch. Telepathischer Austausch ist unabhängig von körperlicher Betätigung oder Ruhe. Deshalb antworteten mir die Tiere mitten aus ihren Darbietungen heraus auf meine Frage, wie sie ihre Aufgabe und die Beziehung zu den Menschen sähen:

> *Wir erziehen die Menschen liebevoll zu Solidarität und Respekt für andere Wesen. Wir geben uns dem Vorhaben, gemeinsam etwas aufzubauen, eine Zusammenarbeit unterschiedlicher Geschöpfe zu verwirklichen, mit ganzem Herzen, Willen und Konzentration hin. Im Gegenzug erwarten wir die volle Präsenz unserer Betreuer und Trainingspartner. Wir sind für ihre Idee, ihre Vorstellung eines Projektes da und bemühen uns, den uns zugedachten Part zu erfüllen. Für Pferde bedeutet es eine gewaltige Herausforderung, niemals die Kontrolle über sich selber abzugeben, nie unseren Gefühlen die Zügel schießen zu lassen. Wir sind Bewegungswesen. Es ist für uns manchmal*

sehr schwierig, aus einem disziplinierten, immer gleichförmigen Trab in der Manege nicht plötzlich einmal auszubrechen, unserem Drang nach Weite und kraftvollem Lauf nachzugeben und ausgelassen davon zu galoppieren. Unser psychischer wie körperlicher Einsatz für die Zirkusnummern ist bedeutender als den Trainern bewusst sein mag. Deshalb erwarten wir von ihnen eine starke mentale Präsenz. Sie hilft uns, die Aufgabe zu meistern. Teamgefühl ist für uns zentral und es ist unabdingbar, dass alle menschlichen Akrobaten, welche mit uns zusammen eine Nummer einstudieren und auf deren Vollendung hinarbeiten, sich ganz auf uns einstellen, auf ein Miteinander, die einer mentalen Verschmelzung gleicht. Sobald sie nicht mehr mit unseren Seelen verbunden sind, bricht der Draht unserer Verständigung ab und die Harmonie leidet, das Ziel kann nicht erreicht werden. Aus der menschlichen Sicht klappt dann das Training nicht. Es ist dies eine Übung für unsere Ausbilder, sich als Wesen auf die gleiche Stufe mit uns zu stellen, weder uns über- noch unterlegen. Für den Menschen ist dies eine Herausforderung, denn er empfindet sich in den meisten Fällen als Herr über die Tiere und die ganze Schöpfung. Zusammenarbeit funktioniert weder, wenn die Menschen sich uns gegenüber nicht sicher fühlen statt uns zu vertrauen, noch wenn sie uns dominieren wollen. Nicht anders als unter den Menschen selber. Ein Chef, der sein Team mit Dominanz zum Funktionieren bringen will, muss auf die Dauer scheitern. Seine Mitarbeiter fühlen sich nicht mehr solidarisch mit ihm und ihren Aufgaben, sie erledigen ihre Pflichten unmotiviert und halbherzig und sträuben oder weigern sich, ihr Bestes zu geben zum Erreichen eines Zieles, das ihr Vorgesetzter definiert hatte. Dieses Erkennen und der physische Ausdruck von Ebenbürtigkeit bei der Arbeit ist das Hauptziel unserer Aufgabe im Zirkus. Während der vielen Proben wachsen wir als tierische und menschliche Partner eng zusammen und unsere Energien schwingen harmonisch. Wir lieben die Herausforderungen solcher Aufgaben, sie machen unser Leben reich. Die Tatsache, dass wir dabei in sehr beengten Verhältnissen le-

ben müssen, kann dadurch bis zu einem gewissen Grad kompensiert werden. Das empfinden zwar alle Zirkustiere so, allerdings sind die Umstände von Tier zu Tier und von Zirkus zu Zirkus verschieden, die einen haben mehr Glück als andere. Doch ein solches Dasein ist unsere Aufgabe. Wir haben sie, wie du weißt, gewählt und bleiben uns ihrer während unserer ganzen irdischen Existenz bewusst. Dies im Gegensatz zum Menschen, der sich meist nicht mehr an seine Vorhaben für das Erdenleben erinnert und oft nur auf vielen Umwegen schließlich den Weg zu seiner Aufgabe findet.

Ist unser Ziel dann erreicht und dürfen wir unsere gemeinsam erarbeiteten Darbietungen präsentieren, springt diese augenscheinliche und fühlbare Verbundenheit zwischen den menschlichen Akrobaten und uns Pferden auf die Zuschauer im Zirkus über. Auch ihnen vermittelt unsere Arbeit ein Erkennen von ebenbürtigem Miteinander und Respekt füreinander über die Grenzen von Gattungsunterschieden hinweg. Die Zuschauer nehmen wahr, welch wundervolle Resultate Harmonie und Gemeinsamkeit, die aus den Herzen entspringen, ergeben können. Dies ist auch der wahre Sinn, das Ziel der Schöpfung: leben in einem Miteinander aus Respekt und Liebe.

Eine identische Einstellung übermittelten mir auch andere Tiere, welche im Zirkus auftraten: die Elefanten, Großkatzen und Seehunde, die ich in verschiedenen interessanten telepathischen Gesprächen befragte.

Die Meinung der asiatischen Elefanten

Zirkuselefanten lehren die Menschen vollkommenes Vertrauen in eine andere, stärkere Spezies. Denn unsere Darbietungen erfordern bedingungslose Hingabe an das Team. Unsere menschlichen Partner geben sich der Gewissheit hin, uns völlig vertrauen zu dürfen, wenn sie sich uns, ungeachtet unserer tonnenschweren Körper, zu Füßen legen. Ein einziger Fehltritt unsererseits würde sie zermalmen. So wie wir auf ihre Hingabe bauen, können die Trainer es auf unsere sichere Fähigkeit und den unverbrüchlichen Willen, sie zu schützen. In einer wahren Gemeinschaft steht jeder für den anderen ein. Nur aus uneingeschränktem Teamdenken über artspezifische Grenzen hinweg können große Ziele erreicht werden. Zweifelsfreie Freundschaft in absolutem gegenseitigem Vertrauen und Respekt vor demselben Wert des anderen, seiner Ebenbürtigkeit ist die Voraussetzung dazu. Diese Erkenntnis in die Herzen von unseren artistischen Kollegen zu pflanzen, und genauso in die der Zirkusbesucher, ist unser freudiges Bestreben.

Nachdem sich die Dressurpferde zu ihren Lebensumständen im Zirkus aus eigenem Antrieb geäußert hatten, fragte ich die Elefanten ebenfalls, wie sie sich in ihrem ganz besonderen Artistendasein in beengten Wohnverhältnissen fühlten:

Wir hier sind vielleicht etwas privilegierter als andere Zirkuselefanten. Uns wird ab und zu die einmalige Gelegenheit geboten, frei durch einen Wald zu spazieren mit unseren menschlichen Betreuern zusammen oder sogar im See ein Bad zu genießen und zu schwimmen. Doch unter welchen Umständen auch immer, wir Elefanten nehmen unsere Lebensaufgabe im Zirkus so gut als möglich an, um die Herzen der Menschen zu berühren und zu öffnen.

Die Meinung der Löwen, Tiger und Leoparden

Wir führen den Menschen die Tatsache vor, jederzeit, selbst in schwierigen Situationen ein Gleichgewicht der Kräfte, eine Harmonie in der Gemeinschaft herstellen zu können. Denn dies ist eine reine Frage der Geisteshaltung. Wir Raubkatzen verkörpern starke Wesen, fähige Jäger, der waffenlose Mensch dagegen ist uns kräftemäßig deutlich unterlegen. Folglich nehmen wir uns zurück und überlassen unserem Trainer und Betreuer eine Zeit lang die Teamleitung. So akzeptieren wir seine Ideen für eine Dressurnummer und führen sie aus im Hinblick auf eine gemeinsame Sache, ein gemeinsames Ziel, ohne unsere eigentliche körperliche Macht über ihn auszuspielen. Damit lernen die Menschen begreifen, wie friedlich eine Existenz unter Wesen mit verschieden ausgeprägten Stärken und Schwächen sein kann, wenn nicht Machtdenken des Einzelnen im Vordergrund steht. Auch in der Ungleichheit ist Harmonie möglich, sofern jeder bereit ist, sie zuzulassen. Harmonie ist das Ziel wahrer Teamarbeit.

Wie könnt ihr mit euren beengten Lebensverhältnissen umgehen? wagte ich auch bei ihnen dieses heikle Thema der wenig oder nicht artgerechten Haltung im Zirkus anzuschneiden, wohl wissend, dass für die Charaktere der Großkatzen ein solches Dasein ganz besonders schwierig sein musste.

Das ist eine sehr einschneidende Herausforderung für uns. Es gibt auch immer wieder Tiere unserer Gattung, die beinahe zerbrechen an dieser Aufgabe. Denn auch bei uns gibt es Gewinner und Verlierer. Wir können mit respektvollen Trainern zusammentreffen, die uns ihr Herz mehr öffnen als andere und uns einfühlsamer und mit Achtung begegnen. Dies lässt unser Eingesperrt sein, eine Gefangenschaft in engen Zirkuswagen – wenn wir nicht gerade in der Manege proben – weniger belastend werden. Wir sind deshalb unendlich froh, dass so viele Menschen bereits achtsam geworden und nicht mehr einverstanden sind, uns unter derartigen Bedingungen leben zu sehen. Weshalb immer weniger Zirkusdarbietungen mit großen Katzen gezeigt werden. Ist es nicht wundervoll, dass unsere jahrelang unter physischen und psychischen Entbehrungen im Zirkus erfüllten Lebensaufgaben inzwischen so große Wirkung erzielen konnten, dass sie nicht länger nötig scheinen, weil der Mensch zu erwachen und sein mitfühlendes Herz wieder zu finden beginnt? Das ist der größte Lohn für alle durchlebten Entbehrungen, denn es war dies ja unser Ziel!

Meine Gesprächspartner, die großen Katzen, wirkten sehr erleichtert – und ich war ebenso von Herzen froh für sie.

Die Meinung der Seehunde

Wir zeigen den Menschen die Wichtigkeit des Spiels im Leben. Zu viel Ernst tötet die Freude am Dasein und engt die Herzen ein. Seehunde lieben spielerische Tätigkeiten und Herausforderungen. Unsere Betreuer lehren wir, fröhliche Spielpartner zu sein. Wir genießen es, unsere Fertigkeit mit Ringen und Bällen und Hindernissen vorzuführen. Die menschlichen Mitspieler belohnen uns für jede gelungene Aufgabe mit Fischhäppchen. Das mögen wir gerne, ohne Frage, doch die größte Belohnung sehen wir darin, unsere Trainer zum Mittun zu animieren. Sobald wir ihre Vorgaben nicht korrekt ausführen, bemühen sie sich eifrig, uns die erdachten Spiele genau vorzuzeigen und verweilen dabei selber in spielerischer Weise mit den Hilfsmitteln, den kleinen und großen Bällen, Ringen und Kegeln. Unsere vergnügliche Teamarbeit macht beide Seiten glücklich, uns wie unsere Partner.

Seehunde im Zirkus überbringen auch den Zuschauern viel Spaß und Freude. Das ist das wahre Ziel unserer gemeinsam erarbeiteten Zirkusnummern: Freudefunken in den Herzen der Menschen zu entzünden und daran zu erinnern, welch wundervoller Spielplatz das Leben doch ist. Vergnügt euch darin! Wagt euch an all die bereitstehenden, abenteuerlichen „Spielgeräte" in eurem Dasein, die Möglichkeiten und Herausforderungen, probiert sie aus. Und wenn ihr auch einmal Fehltritte macht, bewahrt die vielen Momente und Erlebnisse im Herzen, die euch Vergnügen und Heiterkeit bereitet haben. Dann erscheint euch das Leben spielend leicht.

Empfindet ihr euer Zirkusleben denn ebenfalls leicht? wollte ich auch die Meinung der Seehunde zu diesem Umfeld erfahren.

Wir brauchen das Element Wasser um uns herum, deshalb dürfen wir uns auch im Zirkus in einem vergnüglichen Wasserbecken tummeln, selbst wenn es nur bescheiden sein kann. Die vorliegenden Umstände sind deshalb eher noch auf unsere Be-

dürfnisse zugeschnitten und darum wohl um einiges leichter als sie für andere Zirkustiere sein mögen.

Wie meine verschiedenen telepathischen Gespräche im Zirkus zeigen, empfanden sich alle dort lebenden Tiere als ein eng verbundenes gleichwertiges Team mit den Menschen zusammen, die mit ihnen die Dressurakte einstudierten. Dabei erwarteten sie von den Trainern, dass jene ihre körperlichen Eigenarten und Einschränkungen achteten und keine kaum zu bewältigenden oder undurchführbaren Forderungen an sie stellten.

Von den heutigen Tierlehrern werden diese Voraussetzungen respektiert und ganz selbstverständlich in die Dressurnummern eingeplant. Die Tiere sollen ihre angeborenen, individuellen Fähigkeiten in spielerischer Weise zur Perfektion bringen können. Ganz im Gegensatz zu früheren Methoden, die noch aus Strafe und Beherrschen und willentlicher Unterdrückung bestanden. Glücklicherweise hat der Mensch in diesen Belangen inzwischen allerhand dazugelernt.

Wie schön die Welt sein könnte, wenn diese Erkenntnis auch im zwischenmenschlichen Bereich Selbstverständlichkeit annehmen würde. Wenn wir Menschen uns alle wieder mit offenen Herzen der bedingungslosen Liebe im Lebenskreis anschließen könnten, so dass weder wir untereinander noch die Tiere mehr für uns leiden müssten. Und dass unsere tierischen Brüder und Schwestern damit endlich das selbstlose Ziel ihrer freiwillig auf sich genommenen, oft sehr beschwerlichen Lebensaufgaben erreichten: den Menschen wieder in die Liebe und die ganze große Gemeinschaft der Schöpfung zurückzuführen!

Nachwort

Was damals für mich als spannendes Abenteuer begann, als ich mir meiner mentalen Fähigkeiten bewusst wurde und sie auszubilden und anzuwenden begann, hat mich auf eine einzigartige Reise zu mir selber geführt. Die Tiere haben schon immer einen wichtigen Platz eingenommen in meinem Leben, privat wie beruflich. An dem Tag, als sie dann zu mir zu sprechen anfingen, besser gesagt, als ich sie in meinem Herzen zu hören vermochte, bekam mein Lebensweg ein hell leuchtendes Ziel: Von nun an konnte ich die Tierwelt nicht nur einfach gern haben und sie durch meinen Beruf auch anderen Menschen näher bringen. Endlich durfte ich nun sogar praktisch etwas für meine pelzigen und gefiederten Freunde tun, indem ich ihre mir quasi diktierten Botschaften aufnotierte, um sie weiter zu tragen und ihren Wünschen und Empfehlungen damit das dringend nötige Gehör zu verschaffen. Und wie sich herausstellte, betrafen ihre Anliegen letztlich nicht sich selber, sondern uns Menschen und unseren Platz in der Schöpfung.

Es ehrt mich, dass meine liebevollen und hilfsbereiten tierischen Berater auch mich als eines ihrer Sprachrohre für sich auserkoren, es gibt andere und davon immer mehr. Damit haben sie mir eine wichtige Lebensaufgabe transparent gemacht und mich gleichzeitig unendlich Mannigfaltiges über die Spezies Mensch und mich selber gelehrt. In diesem Sinne möge mein Buch auch Ihnen, liebe Leser, viele wundersame Erkenntnisse und die Liebe zum ganzen Lebenskreis, wie auch zu Ihnen selbst, schenken.

Ich danke Ihnen, dass Sie mich auf meinem Weg zu neuen Wahrheiten bis hierhin begleitet haben und wünsche Ihnen von Herzen ein liebevolles Dasein auf unserer schönen Erde mit all den wundervollen Tier- und Pflanzenwesen.

Ebenso danke ich meiner Familie und meinen Freunden herzlich für ihre unerschütterliche tröstliche Unterstützung, mit der sie mich immer wieder neu motiviert, mich auf meiner Exkursion in dieses Neuland beflügelt und damit mein Buch überhaupt erst ermöglicht haben. Und nicht zuletzt schicke ich den Seelen all meiner auf eine andere Seinsebene gewechselten, geliebten vierbeinigen Hausgenossen tief empfundenen Dank und Liebe dafür, dass sie mich ein Stück weit auf meinem Erdenweg begleitet und es damit so unendlich bereichert und lichtvoll gemacht haben.

Ihre Verena Wyman

Literatur

Telepathie und Medialität Albatros im Patmos Verlag

Apuzzo, Stefano, D'Ambrosio, Monica: Auch Tiere haben Seelen, Über die Unsterblichkeit unserer Haustiere, Aquamarin, 2008

Arndt, Sabine Kriegel, Petra: Wenn Tiere ihren Körper verlassen, Sterbebegleitung für Tiere, Aquamarin, 2008

Baumann Brunke, Dawn: Ich schlüpfe in deine Haut, Reise in das Bewusstsein von anderen Lebensformen, Reichel 2009

Baumann Brunke, Dawn: Tiergeflüster, Tierbewusstsein im Netzwerk des Lebens, Reichel, 2. Auflage 2008

Baumann Brunke, Dawn: Tierkommunikation, Das praktische Einsteiger-Buch in die Sprache der Tiere, Schirner, 2006

Boone, J. Allen, Die große Gemeinschaft der Schöpfung, Gespräche zwischen Mensch und Tier, Constans , 2009

Bunzel-Dürlich, Beate: Handbuch der Medialität und Hellsichtigkeit – Das Übungsbuch, Windpferd, 2007

Fenner, Barbara: Tierstimmen I und II, Telepathisches Kommunizieren - Kunst des Hörens, Editions à la Carte, 2007

Fitzpatrick, Sonja: Was mir die Tiere erzählen, Spirituelle Verbindungen, Kosmos, 1998

Gurney, Carol: Die Sprache der Tiere, In 7 Schritten zum Animal Communicator, Kosmos, 2005

Hertwig, Anja: Hale Bob – ein Pferd führt auf dem Weg ins Licht, ein Führer zur geistigen Arbeit mit Tieren, Ch.Falk, 2009

Hühn, Susanne: Katzen-Geflüster, Ein besonderer Ratgeber für alle, die mit Tieren leben und reden, Schirner, 2005

Kerner, Dagny, Kerner, Imre: Die Sprache der Pflanzen ... und wie wir sie verstehen können, 2005

Kinkade, Amelia: Tierisch einfach, Wie Sie Tiere verstehen und mit ihnen sprechen können, G. Reichel, 2007

Kinkade, Amelia: Tierisch gute Gespräche, Lerne mit Tieren zu sprechen, sie antworten Dir, G. Reichel, 3. Auflage 2007

Lind, Carola, Müller, Karin: Der sechste Sinn, Zwiesprache mit Pferden, Kosmos, 2001

Lind, Carola, Müller, Karin: Gespräche mit Pferden, Erstaunliche Erfahrungen mit dem 6. Sinn, Kosmos, 2004

Lind, Carola Müller, Karin: Wie Pferde ihre Menschen spiegeln, Kosmos, 2005

McMoneagle, Joseph: Mind Trek, Remote Viewing, Autobiographie eines PSI-Agenten, Omega , 2000

McTaggart, Lynne: Das Nullpunkt-Feld, Auf der Suche nach der Kosmischen Energie, W. Goldmann, 2007

Meyer, Judy: Mit Tieren sprechen, dtv Taschenbuch Verlag, 2002

Müller, Karin: Gespräche mit Katzen, Erstaunliche Erfahrungen mit dem 6. Sinn, Kosmos , 2009

Müller, Karin: Mit Hunden sprechen, Erstaunliche Erfahrungen mit dem 6. Sinn, Kosmos Verlag, 2007

Münchberg, Angela / Gliese, Ramona: Mentale Gespräche mit Hunden, Cadmos, 2008

Murphy, Dr. Joseph: ASW – Ihre außersinnliche Kraft, Ullstein, 2008

Radke, Gertrud: Unsere Tiere, Botschafter der Liebe, Die Bedeutung der Tiere im Plan des Lebens, Aquamarin, 2008

Roads, Michael: Mit der Natur reden, Das verborgene Wissen der Schöpfung, Heyne, 2006

Sanders, Pete A.: Das Handbuch übersinnlicher Wahrnehmung, Windpferd,2009

Schöfmann, Nicole: Hundeflüstern, Tierkommunikation und natürliche Heilung für Ihren Hund, Allegria, 2007

Schöfmann, Nicole: Katzenflüstern, Tierkommunikation und natürliche Heilung für Ihre Katze, Ullstein, 2008

Sheldrake, Rupert: Das schöpferische Universum, Die Theorie des morphogenetischen Feldes, Ullstein, 2009

Sheldrake, Rupert: Der siebte Sinn der Tiere, Fischer, 2007

Sheldrake, Rupert: Der siebte Sinn des Menschen, Fischer, 2005

Smith, Penelope: Gespräche mit Tieren, Tierkommunikation für Einsteiger, Reichel, 3.Auflage, 2007

Smith, Penelope: Tiere als sprechende Gefährten, Tierkommunikation für Erfahrene, Reichel, 2. Auflage 2008

Smith, Penelope: Tiere erzählen vom Tod, Wie die Tiere ihr Sterben erleben und den Weg ins Licht finden, Reichel, 3. Auflage, 2009

Streeter, Michael: Das geheime Wissen der Tiere, Paranormales Verhalten unserer Haustiere, Weltbild, 2004

Weerasinghe, Gudrun: Mit Tieren kommunizieren, Geschichte einer besonderen Begegnung, Silberschnur, 2001

Weerasinghe, Gudrun: Seelenbilder unserer Tiere, Anleitung zum Deuten der Aura, G. Reichel, 2.Auflage2008

Weerasinghe, Gudrun: Tierkommunikation – so einfach, Silberschnur, 2008

Williams, Marta: Frag dein Tier, Verhaltens-Störungen durch intuitive Kommunikation lösen, G. Reichel Verlag, 2009

Williams, Marta: Hund, Katze, Maus, Wie du mit Tieren sprechen kannst, Tiersprachkurs für Kinder von 7 – 14 J., Reichel, 2008

Williams, Marta: Lautlose Sprache, Intuitive Kommunikation mit Tieren und Natur, G. Reichel, 2. Auflage 2007

Williams, Marta: Ohne Worte, Mit Tieren und Natur sprechen, Reichel, 2. Auflage 2008

Ich bin der Henley

Ein geretteter Hund erzählt sein Leben

Henley Harrison West & Judith Kristen
120 Seiten, gebunden, mit Farbfotos
ISBN 978-3-926388-97-1 € 11,90

Der Engel an meiner Seite

Die wahre Geschichte eines Hundes, der einen Menschen rettete ... und eines Menschen, der einen Hund rettete

von Mike Lingenfelter & David Frei
200 Seiten, brosch., 8 Fotos
ISBN 978-3-926388-95-7 € 18,50

Kleines Katzen Survival Kit

Erste Hilfe bei Alltagsdramen, Krankheiten, Unfällen, Verhaltensstörungen

von Barbara Zierdt
140 Seiten, gebunden
ISBN 978-3-94143435-00-1 € 17,90

Bruder Hengst und Schwester Katze

Faszinierendes Seelenleben der Tiere

Hörbuch – CD mit Text und Musik, 60 Min.

von Hugh-Friedrich Lorenz
ISBN 978-3-926388-92-6 € 17,90

Reichel Verlag, Reifenberg 85, D-91365 Weilersbach, Tel. 09194 - 8900, Fax – 4262
Internet: www.reichel-verlag.de E-Mail: info@reichel-verlag.de